kiratida *omnia fac cum consilio* 29. ibv hvvaz ist kepotan, nalles stozzonto, nalles uualo, nalles trago edo mit murmulode … ist kitan *si quod iubetur, non trepide, non tepide, non tarde aut cum murmorio … efficiatur* 208,3. . . sprihhit . . slehto . . ano hlahtar theomuatliho mit fruati *undecimus humilitatis gradus est, si cum loquitur monachus, leniter et sine risu humiliter, cum gravitate … loquatur* 216,32. *al*le mit eruurti erstanten *omnes cum reverentia surgant* 221,25. mit deomuati vbilo pittantemv farzihe *cum humilitate male petenti deneget* 236,24. resten in pettum iro mit eocouuelihheru stilli *pausent in lecta sua cum omni silentio* 254,14. kipete mit uuafum … u*u*erah kebames *orationi cum fletibus … operam damus* 257,2. das *e*iner eocouuelicher … edesvvaz … mit mendi . . prinke cote *ut unusquisque … aliquid … cum gaudio sancti spiritus offerat deo* 11. mit deru atumlihchvn kiridu mendii de*r*a vvihun ostrun pite *cum spiritalis desiderii gaudio sanctum pascha expectet* 16. mit vvillin . . alliv za tuanne sint *cum voluntate abbatis omnia agenda sunt* 25. so ih iz mit uuillen dadi so âna uuillon 324,38. 326,20. wellet mit soler unreinikheite undirwesen des himilisken chuniges pruteloufteu *cum tali inmundicia aeterni regis nuptiis interesse cupitis* 342,23. do begagenda imo min trohtin mit sinero arngrihte 373,4. got *mit* gisundi hein dich gisendi 397,3. [tha*r* scal *ik bedon te* themo heligon temple … mid theru manungu thero forhtu *adorat cum conpunctione timoris templum sanctum* Wa 10,11 = 15,4.] huuanda sie mit dhes iudeischin muotes hartnissu Christan arsluogun *duritia cordis Iudaici quia ipsi Christum interemerunt* I 28,7. thanne biginnistu mit scamu thia iungistun stat bihaben *tunc incipias cum rubore novissimum locum tenere* T 110,3. ein fon then … uuarb uuidar mit michilera stemmu michilosonti got *unus … ex illis … regressus est cum magna voce magnificans deum* 111,2. ni cumit gotes richi mit bihaltnesse *non venit regnum dei cum observatione* 140,1. gisehent mannes sun comentan in himiles uuolkanon mit managemo megine inti mihilnesse *videbunt filium hominis venientem in nubibus caeli cum virtute multa et maiestate* 145,19, *z. gl. St.* O 4,7,39. fuorun uz … fon themo grabe mit forohtu *exierunt … de monumento cum timore* T 219,1 = T Fragm. S. 290,2. er (*Johannes der Täufer*) ferit fora Kriste mit selbomo geiste, then ju in altworolti Helias was ouh habenti [*vgl. ipse praecedet ante illum in spiritu et virtute Eliae, Luc. 1,17*] O 1,4,39. gab si imo antwurti mit suazera giwurti 5,34. so fuar si (*Maria*) zi iro selidon mit allen salidon 7,24. tho sprah si (*Maria*) zi themo kinde mit gidrostemo sinne 22,42. fuar er (*Johannes der Täufer*) mit ther bredigu mit mihileru redinu 23,33. thaz mit minnu gidua 24,8. er quad, er muas habeti … mit suazlichen gilustin 2,14,98. mit suorgon ouh ni ratet, mit wiu ir iuih watet [*vgl. nolite … solliciti esse, Marg. nach Matth. 6,31*] 22,6. klagont managе sih thar (*am Tag des Jüngsten Gerichts*) mit seren managfalton joh leidlichen worton 23,24. mit selben Kristes segenon will ih hiar nu redinon 3,1,1. ther se ist zossonti … stozot sih io in thrati mit mihileru unstati 7,16. thiu meinent, wio sih zerbit joh thisu worolt werbit; mit ungimachu thuruh not sih emmizigen stozot 18 (*oder zu* C I 1bα (*?*), *vgl. Ehret S. 47*). folgeta in then louftin mit grozen anaruaftin [*vgl. clamavit, Matth. 15,22*] 10,2. far … mit fridu [*vgl. vade in pace, Luc. 8, 48*] 14,48. thaz ther liut zi flize sazi wechun uze mit spisono ginuhtin 15,8. quad … er (*Jesus*) sih mit gualliche irougti in themo riche 28. irriht er sih mit thultin mit thesen antwurtin 17,38. sie gabun antwurti mit grozeru ungiwurti 18,25. thu bist al honer, in sunton giboraner mit allen unredinon 20,164. mit ubilemo willen joh muoton filu follen bigondun sie sih rechan joh avur zimo sprechan 22,41. thaz kuning thihein fuari mit sulicheru zieri 4,4,24. sie quamun mit githrenge in themo selben gange 57. iz was garo zioro gistrewitero stuolo, mit reinidu al so filu fram, so gestin sulichen gizam 9,14. ob iz (*Gottes Reich*) wari hinana, giflizin mine thegana mit iro kuanheiti, min fiant sus ni wialti 21,20. thaz mih mit sinu nide ther fiant io bimide 5,3,19 (*vgl. auch* C I 1bα). joh stan nu mit gilusti in ewinigeru festi 14,18. quimit ther selbo gotes sun fon himilriche herasun mit mihileru krefti … mit mihileru hebigi [*vgl. cum autem venerit filius hominis in maiestate sua, Matth. 25,31*] 20,6. 7. sih sceidit … friunt fone friunte mit mihilemo note 54. thaz (*alle Freuden*) niuzist thu in muate iamer thar mit guate 23,210 (*F* in euuon zi guate). giwerdo uns geban, druhtin, mit thines selbes mahtin, wir unsih muazin bliden 24,1. iz ruarit sino brusti … mit mihilen riuon 25,60. herro giuit uuort predicondon mit crefte mikiliro *dominus dabit verbum evangelizantibus virtute multa* Pw 67,12. an uuillin thinin leidostu mi, in mit guolicheide antfiengi mi *in voluntate tua deduxisti me et cum gloria suscepisti me* 72,24. to uuard taz ten cheiser lusta . daz er Dioterichen uriuntlicho ze houe ladeta . tara ze dero marun Constantinopoli . unde in dar mit kuollichen eron lango habeta *deinde ab imperatore Theodoricus Constantinopolim … accitus . et magnis honoribus … apud eum diu habitus* Nb 5,19 [5,23]. Romam ioh Italiam mit sinemo danche zehabenne *ut … ipse pro eo Italiam regeret* 6,2 [5,25]. uuar sah ih . ein vuib stan … mit iunchlichero uareuuo *visa est mulier astitisse … colore vivido* 9,9 [7,28]. to antuuurta ih iro . mit eteuuaz chreftigoren muote *collecto animo in vires . i. collectis viribus in animo* 23,18 [19,11]. mit uuelero uertrostedo . unde mit uuelen unduron minero ureison . ih fersprache tie unsculde alles tes herotes *quanta securitate mei periculi . defenderim innocentiam universi senatus* 33,14 [27,5. 6]. uuanda si unmez scone uuas . unde gezogen mit michelen ruochon dero goto *quod speciosa quam maxime magnaque deorum sit educata cura* Nc 697,8 [11,22]. tiu (*Urania*) skellit tia oberostun himelsperam . diu dratost ferit . mit chleinero lutun *Urania stellantis mundi speram extimam concinit . quae raptabatur sonora acuto tinnitu* 721,25 [38,15]. fone diu sprechent Greci . infinitiuum mit articulo Ni 506,26 [12,16]. tanne sprichet er in zu mit zorne . unde mit heizmuote getruobet er sie *tunc loquetur ad eos in ira sua . et in furore suo conturbabit eos* NpNpw 2,5. dienont gote mit forhtun *servite domino in timore* 11. stant uf truhten mit zorne *exsurge domine in ira tua* 7,7 (= Npw 6). iro munt sprah mit ubermuoti *os eorum locutum est superbiam* 16,10. stand uf truhten . furefah sie mit uindicta (keriche) . unde beskrenche sie *exsurge domine praeveni eos . et subplanta eos* 13. ih chumo aber mit demo rehte fure dih *ego autem cum iustitia apparebo in conspectu tuo* 15. (unser truhten) furefangot die mennischen mit gnadon 24,8. so is zit uuirt . so skephent ir uuazer mit mendi uzer dien brunnon des haltares *haurietis aquas in gaudio de fontibus salvatoris* Cant. Es. 3. die drato farent mit iro unrehte . die leidegont mih Np 17,5. freuuende diu herzen . diu ungebeitet uuola tuont . nals seruili timore (mit scalchforhtun) Npgl 18,9. mit giridi gereta ih die ostron ezzen sament iu Npw 20,3 (Np *nur desiderio*, Npgl harto). solo auditu uerbi dei ilet siu (*Ecclesia*) zeimo mit den tugeden, die der geboton uuurdon in lege, mit mortificatione carnis, quae per myrrham exprimitur, mit munditia precum, quae per thus figuratur, mit maniger slahte uuoletate W 50,10. 11. 12 [95,2. 4. 5. 7]. du bist gartbrunno, du bist puzza dero quekkon uuazzero, die mit tuihte fliezzent uon Libano *fons hortorum: puteus aquarum viventium, quae fluunt impetu de Libano* [*Cant. 4,15*] 71,2 [139,11]; *ferner:* S 153,13. 23. 176,13. 181,6 (3). 7. 202,33 (*cum*). 209,10. 222,14. 236,30. 249,7. 15 (*alle cum*). 319,21. 22 = Wa 16,25 (2). 43 (2) = Wa 17,18. 19. 324,42 (3). 43. T 67,3 (*cum*). 75,2. 219,1. 244,2 (*alle cum*) = T Fragm. S. 290,2. O 1,6,2. 11,37. 13,17. 18. 18,45. 22,27. 28,16. 2,3,2. 6,6. 7,22. 57. 9,15. 18. 10,15. 11,34. 68. 12,27. 40. 13,12. 14,79. 83. 16,2. 18,4. 19,6. 20,1. 23,18. 3,1,9. 25. 2,9. 7,8. 10,7. 12,2. 18,37. 39. 40. 57. 19,25. 20,112. 22,23. 35. 23,29. 24,107. 4,4,58. 5,26. 35. 6,43. 9,34. 11,25. 51. 52. 12,24. 14,3. 16,52. 20,6. 13. 21,34. 26,2. 29,6. 31,19. 34,19. 36,3. 37,14. 30 (2). 37. 38. 5,4,60. 5,19. 15,14. 20,66. 81. 23,74. 211. 25,68. Oh 18. 100. 137. 154. Ol 48. Pw 54,15 (*cum*). Nb 26,16 [21,24]. Nc 710,21. 723,16 [27,3. 40,8]. NpNpw 2,11 (2). 7,8 (= Npw 7). Np 17,43 (*X = S.* VI,12). W 55,10. 11 (3). 62,5 [107,27. 28 (2). 29. 121,24]; S 257,20 *s.* C I 1j; – *Glossen nur mit* mit-*Fügung:* mit fronovuago [*ponderabat capillos capitis sui ducentis siclis,*] *pondere publico* [*2. Reg. 14,26*] Gl 1,419,50 (*6 Hss. ohne* mit). mit leide (*2 Hss. stattdessen*) eide [*iuraveruntque domino voce magna ... omnes qui erant in Iuda*] *cum execratione* [*2. Paral. 15,15*] 466,14. mit vparmuotemo gange [(*die hoffärtigen Töchter Zions*) *ambulabant pedibus suis, et*] *composito gradu* (*superbo gressu, vgl.* Gl 5,425,13/14) [*incedebant, Is. 3,16*] 595,42. mit stozze [*daemonia ... intraverunt in porcos: et*] *impetu* [*abiit grex per praeceps in stagnum, Luc. 8,33*] 727,36. mit uueinodi [*cumque*] *eiulatu* [*magno fleret, Gen. 27,38*] 813,23 (*3 Hss. ohne* mit). mit sceltun [*qui autem dixerit fratri suo,*] *raca* [*: reus erit concilio, Matth. 5,22*] 817,23 (*1 Hs.* muotskelta). mit kecalemo umpeuorun lofte [*mundumque vacantem intrant* (*sc. Adam u. Eva*) *et*] *celeri perlustrant* [*omnia*] *cursu* [*Av., Poem. lib. 3,198*] 2,2,21. mit frebelemo [(*Paphus*) *quae fertur amoribus olim dedita, sacrilegae mansisse libidinis antrum, aligerosque vagos studio coluisse*] *procaci* [*Ar. II,8*] 34,30. mit kemistemo muota [*saepe suscepta cura regiminis, cor per diversa diverberat, et impar quisque invenitur ad singula, dum*] *confusa mente* [*dividitur ad multa, Greg., Cura 1,4 p. 5*] 199,38. mit fronescemo bilide [*de terra etenim byssus*] *nitenti specie* [*oritur, ebda. 2,3 p. 16*] 200,4. mit unsemfti dera kahaltnassi [*ut si tentationum procellas*] *cum difficultate salutis* [*tolerant, coniugii portum petant, ebda. 3,27 p. 81*] 230,19. mit michileru craft [*Iesum venientem* (*Tharsilla*) *vidit, et cum magna*] *animadversione* [*coepit circumstantibus clamare, ders., Dial. 4,16 p. 397*] 248,23 (*vgl.* Schulte, Gregor S. 410,56). mit upilero givuilligi [*sed sanctus quisque etiam cum*] *perversa* [*mente* (*malivolentia, vgl.* Gl 5,452,34) *requiritur, a bonitatis suae studio non mutatur, ders., Hom. I,7 p. 1458*] 278,17. mit razalan eppungun [*qui pontum*] *rapidis aestibus* [*invium persultare vetas, Prud., H. ad inc. luc.* (*V*) *85*] 401,28. mit apahen gengin [*tandem facessat caecitas, quae nosmet in praeceps diu lapsos*] *sinistris gressibus* [*errore traxit devio, ders., H. matut.* (*II*) 95] 414,32. mit nihheinigero samanthafti [*cernere erat ruptis conpagibus*] *ordine nullo* [*membra per incertos sparsa iacere situs, ders., P. Hipp.* (*XI*) *131*] 438,23. mit starclichan drangodin [*una et patricios ambitione pari confundit plebeia phalanx*] *umbonibus* (*Glosse: humeris, vgl. PL 60*) *aequis* [*ebda. 201*] 439,8 (*der Glossator hat lat. umbonibus aequis wohl im Sinne von 'Ellbogen an Ellbogen, Schulter an Schulter' verstanden u. frei wiedergegeben, vgl. auch Lavarenne § 1468: patriciens et plébéiens se coudoient dans une parfaite égalité*). mit lutan runstin sniovarauuar seo [*interior tumuli pars est, ubi*] *lapsibus sonoris stagnum nivali* (*Hs. -e*) [*volvitur profundo, ders., P. Petri et Pauli* (*XII*) *37*] 441,1 (*1 Hs. nur* runstin). mit zagilichero [*illa perosa quietis opera*] *degeneri* [*tolerare mora, nocte fores sine teste movet, ders., P. Eul.* (*III*) *42*] 443,54. mit gisuumftin [*liquor ... nunc pretiosa ruit per marmora lubricatque clivum, donec virenti fluctuet*] *colymbo* (*Glosse: natatu, vgl. PL 60*) [*ders., P. Petri et Pauli* (*XII*) *36*] 484,48. mit clagelichero [*sol refugit et*] *lugubri* (*Glossen: flebili, lacrymabili, vgl. PL 59*) [*sordidus ferrugine igneum reliquit axem seque maerens abdidit, ders., H. o. horae* (*IX*) *79*] 488,63. mit slehtero ebeni [*praefixit tabulas dives manus*] *aequore* (*Glosse: planitie*) *levi* (*Glosse: plano, vgl. beide PL 60*) [*candentes, ders., P. Hipp.* (*XI*) *185*] 507,20. mid gihauideru [*diriguit ... astrologus ... contraxisse pedes lateris*] *manco* (*Glosse: curvo, vgl. PL 59*) [*ordine cancrum, ders., Apoth. 619*] 578,37 = Wa 93,4. mit chleinero [*procul* (*vom Schlaf*) *esto*] *pervicaci* (*Glossen: pertinaci, perseveranti, vgl. PL 59*) [*praestigiator* (*d. i. der Teufel*) *astu, ders., H. a. somn.* (*VI*) *139*] 590,50. Beitr. (Halle) 85,229,1. mit unerun [*nonne emori per virtutem praestat, quam vitam miseram atque inhonestam, ubi alienae superbiae ludibrio fueris,*] *per dedecus* [*amittere? Sall., Cat. 20 p. 165,8*] Gl 2,608,33. mit ettauvelihera [*quod nisi me*] *quacumque* (*vgl. subaudi ratione, Serv.*) [*novas incidere lites ante sinistra cava monuisset ab ilice cornix, Verg., E. IX,14*] 626,17. iososa uzcesso mit vuerfun [*utque* (*fluctus*) *... sonat per saxa ...*] *at* [*ima*] *exaestuat* [*unda*] *vorticibus* [*ders., G. III,241*] 638,41. mit giuvntnussi [*pars cetera pontum pone legit sinuatque immensa*] *volumine* [*terga, ders., A. II,208*] 648,65. mit undanche [*frangimur heu fatis ... ferimurque*] *procella* [*ebda. VII,594*] 661,12 (*in interpretierender Übers.*). mit uuegisemi [*quisquis*] *fastu* [*superbiae elatus domum dei ducit contemptibilem, Cap. Mogunt. p. 186,15*] 4,325,29. mid cumlicon [*inter simias habentur et sphinges ... sunt et quas vocant satyros, facie admodum grata,*] *gesticulatis* [*motibus inquietae, Sol. 128,9*] Mayer, Glossen S. 146,21; *hierher vielleicht auch:* mit framdihsimon [*urbem adeo, dextris*] *successibus* [*utor: domum revertor, Cassianum praedico, Prud., P. Cass.* (*IX*) *105*] Gl 2,542,22. *mit* pomun [*Leviathan quippe iste in eo, quod se addere homini spopondit, tortuosis ad eum*] *sinibus* [*irrepsit, Greg., Mor. in Job 4,9, PL 75,645C*] Glaser, Griffelgl. S. 208,144a; – *in der Logik zur Anknüpfung der Art u. Weise, verschiedene Aussageformen zu bilden:* iz (*hircocervus*) ist aber solih nomen . daz uuar . noh lugi . nebezeichenet . man nespreche uerbum darazu . slehto âne tempus . alde mit tempore *si non vel esse vel non esse addatur . vel simpliciter . vel secundum tempus* Ni 502,10 [7,5]. Stoici uuolton alle geuuare syllogismos dialecticam heizen . mit ibo . unde âne iba gesprochene *Stoici vero solebant omnem necessariam argumentationem . sive praedicativam . sive conditionalem . dialecticen nuncupare* Ns 618,13 [302,10]; *ferner:* 597,25. 605,26. 27. 606,18 [269,7. 281,2. 3. 282,5];

β) *die mit* mit *verbundene Größe ist etwas Gegenständliches: mit:* ci thes (*Christi*) cumfti alle man ci arstandanne eigun mit lichamon iro *ad cuius adventum* *omnes homines resurgere habent cum corporibus suis* S 33,105, *z. gl. St.* NpNpw Fides 37, *ähnl.* S 341,19. vbiliv siniv kelitaniv mit zaharim edo uuaffe tagalihhin in kepete cote gehan *mala sua praeterita cum lacrimis vel gemitu cotidie in oratione deo confiteri* 205,26. daz scolet ier einiclihe bedengin unte mite anadahten oren iures herzen fernemen *diligenter debetis adtendere et intenta cordis aure percipere* 342,3. dhea iudea auur dhurah iro grimmin mit dhemu unscama habendin andine quhedhant leogando *Iudaei autem pervicacia inpudice frontis dicunt* I 35,8. mittiu see gisahun sume fon sinen iungoron mit unsubren hantun, thaz ist ni giuuasganen hantun, ezzan brot *cum vidissent quosdam ex discipulis communibus manibus, id est non lotis manibus, manducare panes* T 84,1. sie haftun nan mit wunton bi unsen suaren sunton O 2,9,85. mit wangon tho bifilten bigan er (*Jesus*) antwurten 4,19,17. bar si (*Maria*) fruma managen mit iro lidin alangen 5,12,21. kapfetun sie lango ... mit hanton oba then ougon, thaz baz sie mohtin scouon 17,38. mit herzen filu seren biginnent sie thana keren 20,113. uuar sah ih . ein vuib stan ... mit ernestlichen ougon *visa est mulier astitisse ... ardentibus oculis* Nb 9,5 [7,25]. do sprah si mit holtlichemo analutte *illa vultu placido ... inquit* 40,25 [33,4]. taz sin lichamo ... mit chniurigen armin after dero purlichi iunclichero starchi in gomelichero follelidi skein *quod corpus ... toris lacertosis . in excellentiam iuvenalis roboris . virili quadam amplitudine renitebat* Nc 695,18 [10,5]. ter minnero der Pollux heizet . ter gat êr uf . mit cinemo michelemo sternen . der an sinemo houbete skinet 758,22 [74,13]. iz slindet die erda mit iro chimen *devorabitque terram cum germine suo* NpNpw Cant. Deut. 22; *ferner:* S 332,17. T 92,5 (*cum*). O 2,15,14. 5,20,29. 30 (2). Nb 50,12 [40,27]. Nc 755,26. 759,14 [71,16. 75,8]; – *Glossen:* mit parrantemo (halse) [(*die hoffärtigen Töchter Zions*) *ambulaverunt*] *extento collo* [*Is. 3,16*] Gl 1,595,30. mit kinungan [*mansuescit rabies* (*der Löwen*) *fameque blanda praedam*] *rictibus* [*ambit incruentis, Prud., H. p. cib.* (*IV*) *51*] 2,401,20. 416,16. mit giuuahsenemo [*qui tunc*] *concreto* [*processit crine, ders., Symm. I,490*] 407,26. 468,31. mit marauimo [*sed tamen et niveis tradit deus ipse columbis pennatum*] *tenera* [*plumarum veste colubrum rimante ingenio docte internoscere, ders., Psych. 789*] 412,30. mit luogalinemo ougin [*nec trepidat sacram spectare formam*] *lumine lubrico* [*ders., P. Agn.* (*XIV*) *45*] 442,36. mit nidarsihtigemo [*sic fata Christum vertice*] *cernuo* (*Glosse: inclinato capite, vgl. PL 60*) [*supplex adorat, ebda. 85*] 65 (*1 Hs. nur* nithar). mit siheremo [*his ille contra reddit ore*] *libero* [*ders., P. Rom.* (*X*) *96*] 447,53. mid giscrancodon benon [*in hoc barathrum conicit truculentus hostis martyrem, lignoque plantas inserit*] *divaricatis* (*Glossen: separatis, disiunctis, commutatis, vgl. PL 60*) *cruribus* [*ders., P. Vinc.* (*V*) *252*] 584,45 = Wa 98,6. mit feimantemo [*Ira tumens*] *spumanti* [*fervida rictu, ders., Psych. 113*] 592,26. mit smalamo [*huius* (*des Mohns*) *ad alta caput granorum semine fetum*] *protento* (*cum longo*) [*fragilique solet se tollere collo, Walahfr. p. 345,270*] 768,47 (*1 Hs. ohne* mit);

b) *zur Angabe einer Besitzrelation:*

α) *die mit* mit *verbundene Größe ist etwas Gegenständliches: mit:* sentit sine angila mit trumbom *mittet angelos suos cum tuba* F 19,9, *z. gl. St.* T 145,19. Iudas ... quam inti ... mihil menigi mit liohtfazzon inti mit faccalon inti mit giuuafanin inti mit suerton inti mit stangon *Iudas ... venit et ... turba multa cum lanternis et facibus et armis et gladiis et fustibus* 183,1. samaso zi thiobe giengut ir mit suerton inti mit stangon mih zi fahanne *tamquam ad latronem existis cum gladiis et fustibus conprehendere me* 185,7 = T Fragm. S. 292,13. er ... mit themo bette thana giang [*vgl. sustulit grabatum et ambulat, Joh. 5,9*] O 3,4,32. giang Krist tho in themo gange mit rotemo gifange [*vgl. exiit ... Iesus portans spineam coronam et purpureum vestimentum, Joh. 19,5*] 4,23,5. unde uuaren sie anauuert mit iro stucchen *abstulerant particulas quas quisque poterat* Nb 11,6 [9,10]. unde sazen sie mit iro ruoto in hende 24,13 [20,1]. do er imo selbemo mahelta mit demo uuidemen sines heiligen bluotes die Ecclesiam W 53,15 [105,11]; *ferner:* O 3,14,93. 94. 4,16,15. 16. 19; – *Glossen:* mit hotun [*confestim viri illi vincti*] *cum* [*braccis suis, et*] *tiaris* [*, et calceamentis, et vestibus missi sunt in medium, Dan. 3,21*] Gl 1,665,14. mit minemo staue *in baculo meo* [*transivi Iordanem, Comm. in Gen. = Gen. 32,10*] Thoma, Glossen S. 13,7;

β) *die mit* mit *verbundene Größe ist etwas Abstraktes: mit:* tho sant er druta uns sine ... mit sinen giboton zuein O 4,5,23. so Dioterih mit temo uuorte ze Italia cham Nb 6,5 [5,27]. unde iogelichen dero uerlornon farenten . uuio er mit niuuen luginen chomendo *perditissimum quemque inminentem novis fraudibus delationum* 37,26 [30,24];

c) *zur Angabe der Gegenleistung, des Entgelts* (*nur in Glossen*)*: für:* mit keuuerdotemo scazze [*ut det mihi speluncam duplicem quam habet in extrema parte agri sui:*] *pecunia digna* [*tradat mihi eam coram vobis in possessionem sepulchri, Comm. in Gen. = Gen. 23,9*] Thoma, Glossen S. 5,10; *hierher vielleicht auch:* mit ein pisenthe [*in tempore hoc cras modius similae*] *uno statere* [*erit, et duo modii hordei statere uno, 4. Reg. 7,1*] Gl 1,452,25 (*4 Hss.* vuidar einemo phenninge, *2* einen phennich);

d) *in Verbindungen:* mit giburido *durch Zufall, zufällig:* mit keburido inhusin iouh altarin [*sed cum*] *forte adytis arisque* [*inferret odores Zacharias, visus caelo descendere aperto nuntius, Juv. 1,10*] Gl 4,336,6 Anm. 2 (*vgl. auch* Beitr. 73,228 f. *u. Ertmer, Juv. S. 72 ff., vgl. Ahd. Wb. 1,1541 s. v.* giburida 6); – mit allemo herzen *aus ganzem, tiefstem Herzen:* nu ruof ih, uile gnadige got, mit allemo herzan zi dir S 148,8; – mit (mihhileru) îlu, mit (mihhilên) îlôn, mit ... îlungu *eilends, unverzüglich:* mit dera furistun ilungu si kehlauffan *summa cum festinatione curratur* S 249,14. 255,13. so siu tho ingieng sar mit ilungu zi themo cuninge *cumque introisset statim cum festinatione ad regem* T 79,7. fuar tho sancta Maria ... mit ilu [*vgl. Maria ... abiit ... cum festinatione, Luc. 1,39*] O 1,6,2, *z. gl. St.* T 4,1. mit mihileru ilu so ward si sar io heilu [*vgl. confestim siccatus est fons sanguinis eius, Marc. 5,29*] O 3,14,25. biginnent thanne ... zi gote ruafan mit mihilen ilon 5,6,48. thie andere mit ilon iz wollent sar firdilon 25,82; – mit allên kreftim *mit allen Kräften:* mit allen unsen kreftin bittemes nu druhtin O 1,28,1. kunde mir, o sponse, den ih mit allen creften minno, uuer die uerae fidei doctores sin W 13,5 [53,14]; O 3,21,18 *s.* I 3; – mit mahti(m) *mit aller Macht, Kraft:* du himilisco trohtin, ginade uns mit mahtin in din selbes riche S 102,1. thaz giscrip in rihti irfulli thu io mit mahti O 2,9,91; *ferner:* 22,29. 4,31,27; – mit nôti(m) *gewaltsam:* mit notin [*et concupierunt agros, et*] *violenter* [*tulerunt, et rapuerunt domos: et calumniabantur virum, et domum eius, virum, et hereditatem eius, Mich. 2,2*] Gl 1,678,6; *hierher vielleicht auch* (*zum endungslosen Dativ vgl. Braune, Ahd. Gr.*[15] *§ 218 Anm. 2*)*:* mit noot [*vel quo-*

libet] *modo violente* [*inferunt mortem, Halitg., De vitiis 4,6 p. 681D*] Mayer, Griffelgl. S. 66,256a. mit not uuisit [*etiamsi eis a raptoribus*] *vis illata constiterit* [*ebda. 18 p. 684A*] 68,270a. daz du tougeno entfuortist mit not [*et dixit ad Iacob quare ita egisti*] *ut clam* [*me*] *abigeres* [*filias meas quasi captivas*] *gladio* (*per vim*) [*Comm. in Gen. = Gen. 31,26*] Thoma, Glossen S. 11,12. note mit not. unseres undanches [*propter pecuniam ... introducti sumus: ut devolvat in nos calumniam et*] *violenter* [*subiciat servituti, Comm. in Gen. = ebda. 43,18*] 22,24 (*oder alle zu* B I 3*?*); mit nôti *notwendigerweise, notgedrungen:* mit noti [*visum est enim spiritui sancto, et nobis nihil ultra imponere vobis oneris quam haec*] *necessaria* (*Hss. necessario*) [*Acta 15,28*] Gl 1,746,60; – mit ginuhti(m) *zur Genüge:* thia dagalichun zuhti gib hiut uns mit ginuhti O 2,21,33; – mit redinu: *mit Recht:* joh birumes mit redinu in zuivalteru frewidu O 2,6,57; *ferner:* Oh 20; *auf gleiche Weise:* was si (*die Tunika*) ubar al mit redinu ziaro giwebanu 4,28,8; mit suslîhheru redinu *auf solche Weise:* mit suslicheru redinu then minen mih sus nidiru [*vgl. quemadmodum ego feci vobis, ita et vos faciatis, Joh. 13,15*] O 4,11,48; – mit rehte *mit Recht, zu Recht:* mit rehte [*si*] *iure* [*queat rex ille vocari, qui pietate caret, propriam qui non regit iram, Sed., Carm. pasch. II,108*] Gl 2,615,52. nihein heilic ding noh christinlich noh gotelich hab ich so geret, sos ich mit rehte scolta S 143,20 (*BB* = 19 *WB*). fone diu urageta mit rehte einer dinero gesuason *unde haud iniuria quaesivit quidam familiarium tuorum* Nb 32,20 [26,17]. du mit rehte fater heizest tero goto *iure qui divum pater* Nc 725,18 [42,10]. mit rehte heizent species et genera andere substantię . nah tien eristen *merito ergo post principales substantias ... dicuntur species et genera secundae substantiae* Nk 384,6 [24,9]. so uallo ih mit rehte . daz chit . so uuirdo ih mit rehte eruellet fone minen fienden *decidam merito ab inimicis meis inanis* NpNpw 7,5 (= Npw 4); *ferner:* S 147,41. Nb 34,24 [28,11] (*merito*). Nc 706,6. 753,3. 754,12. 764,30 (*merito*) [21,17. 68,16. 70,4. 81,7]. Nk 370,21. 379,25. 397,8. 397,13 [7,19. 19,16. 38,22. 39,1]. NpNpw 7,11. 9,11. Cant. Annae 8. Orat. dom. 9. Np 5,8; mit meisten rehte *mit dem größten Recht:* tiu herosta substantia . unde diu mit meisten rehte so heizit . taz ist tiu . diu gesprochen neuuirdet fone demo underen . noh an imo neliget *substantia autem est . quae proprie et principaliter et maxime dicitur . quae neque de subiecto praedicatur neque in subiecto est* Nk 379,6 [18,18]; *ferner:* 383,8 [23,5]; mit rehtemen *rechtmäßig:* ego confiteor ... daz ihc dominicas dies so ne kefirohta so ihc met rettemon soulta Zeitzer B. S. 54,18; *ferner:* 21; – mit sô samalîhhe *auf gleiche Weise:* mit so sameliche so quam er ouh zi riche Ol 57; – mit scaden *schädlich:* mit scedin [*ne tarditate petentes*] *noxie* [*crucient, Greg., Cura 3,20 p. 64*] Gl 2,228,73; – miti gisundidu *heil, gesund:* miti gisuntdidu [*mulier, si duobus fratribus nupserit, abjiciatur usque ad mortem. Verumtamen in exitum, propter misericordiam, si promiserit quod, facta*] *incolumis* [*, huius coniunctionis vincla dissolvet, fructum poenitentiae consequatur, Halitg., De vitiis 4,14 p. 683C*] Mayer, Griffelgl. S. 67,263a; – mit triuuuôn *redlich, aufrichtig, getreulich:* thu scalt thih io mit driwon fora gote riwon [*vgl. facite ... fructus dignos poenitentiae, Luc. 3,8*] O 1,23,43. tho quam ther liut mit driuon thaz seltsani scouon 4,3,6. so ist aber durft ze dero euuigun saldo daz er ouh keloube mit triuuon die menneskeheit unseres herren *sed necessarium est ad aeternam salutem . ut incarnationem quoque domini nostri Ihesu Christi fideliter credat* NpNpw Fides 25; – mit unredinôn *aus Unvernunft:* wio sie ouh mit unredinon in woltun thar giselidon O 3,13,48; – mit unrehte *zu Unrecht:* thia heftidon mi fiunda mini mit unrehte *qui persecuti sunt me inimici mei iniuste* Pw 68,5; – mit theru giuualtidu *zu Recht:* *mit* teru *k*auualtidu *iure* [*ergo vincti dicimur, Greg., Mor. in Job 4,34, PL 75,676A*] Glaser, Griffelgl. S. 275,248a; – mit uuâru *in Wahrheit:* mit waru wilit ther gotes geist, thaz man inan beto meist [*vgl. spiritus est deus, et eos, qui adorant eum, in spiritu et veritate oportet adorare, Joh. 4,24*] O 2,14,72 (*oder zu* C I 1bγ *(?), vgl. Erdm. S. 451 z. St.*); – mit giuuelti *mit Macht:* er (*Christus*) quimit mit giwelti, sar so ist woroltenti O 1,15,37. thanne er mit giwelti ist inan faltonti 5,19,35; *ferner:* 1,28,6. 4,4,52; – mit uuillen *freiwillig, gern, bereitwillig; mit Bedacht; mit Eifer:* mit uuillen [*sunt alia in quibus tres tantum obliqui inveniuntur; frugi, frugem, a fruge. Alia, in quibus duo, ut vicem, a vice. Alia, in quibus unus, ut*] *sponte* [*, caepe, Alc., Gr. p. 869C*] Gl 2,6,52. mit uuilin [*venit itaque sine vitio, qui se subiiceret*] *sponte* [*tormento, Greg., Mor. in Job 3,14, PL 75,613C*] Glaser, Griffelgl. S. 142,50a. tho scoltun siu mit willen then wizod irfullen O 1,14,2. suntar hiaz mit willen thiu sehs faz gifullen 2,10,3. wolles io mit willen fora gote irfullen 20,4 (mit *fehlt F*). thoh will ih es mit willen hiar luzilin gizellen 5,14,5; *ferner:* 1,14,10. 17,4. 25,12. 2,9,3. 42. 68. 3,10,21. 18,22. 19,20. 4,1,21. 5,12,96. Oh 112; – mit giuuurti *mit Freude, bereitwillig; immer, sogleich:* er fuar sar thera ferti nahtes mit giwurti O 1,19,13. ih bin mit giwurti êr, thanne er io wurti 3,18,62. mag unsih thera ferti gilusten mit giwurti 4,5,51. thir wolast mit giwurti, thaz thu io giboran wurti 5,22,16. wir thina geginwerti niazen mit giwurti 24,21; *ferner:* 1,22,38. 27,32. 39. 2,3,12. 3,2,30. 7,75. 14,21. 20,109. 4,29,16. 5,15,15; – mit gizâmî *auf gebührende Weise:* thiz al mit gizami ... tharazua biquami O 1,13,20;

e) *modal-instrumental* (*vgl. auch* III 1c)*: mit, durch:* kichrinnotar stap fohemo mit managemo zanda *serrata* [*lectum*] *regula dente infrequenti* [*exasperat, Prud., P. Vinc.* (*V*) *218*] Gl 2,428,45 (*1 Hs. nur* fôh). mit offanparero gitigi zidenit [*hunc ... hydrops ...*] *lucido tendit* [*veneno intrinsecus, ders., P. Laur.* (*II*) *239*] 433,13. von demo zidenitin lichamin dei stvcchi apaprah mit dornfuorigan stocchun vngiriuttar *labefacto corpore* (*des von den Pferden geschleiften Märtyrers*) *frusta carpit spinigeris stirpibus hirtus* [*ager, ders., P. Hipp.* (*XI*) *120*] 438,12. trohtin Christ in himile, mit dines fater segane ginade uns in ęuun S 102,4. du ginadigo got ... mit dinen ginadun gihalt mih dir in euun 107,38. ich gloubo daz diu sin (*Christi*) ... sela do uone demo lichaman zi hello nider uuor mit der siner gotelichun krefte 138,15. ih han gesuntit ... in manslahte, mit getate ioh mit uuillen, in manigemo mortode, in firgifte 145,20. daz tu sie rihtest unta troistest mit dinero guoti 187,64. mit ungiuuasganen hantun ezzan ni unsubrit man *non lotis autem manibus manducare non coinquinat hominem* T 84,9. andere mit flahheru henti in sin annuzzi sluogun *alii autem palmas in faciem eius dederunt* 192,2. ther mit giloubu thaz giduat, thaz zi imo (*Jesus*) gikerit sinaz muat [*vgl. qui crediderit, Marg. nach Joh. 3,18*] O 2,12,81. thaz wir tharana werkon mit wakaren githankon 24,35. joh wir thaz io ahton mit luteren gidrahton 36. thero biscofo herti gab imo antwurti mit alten nides willen 4,23,22. thaz wir thia wahta irfullen mit anderemo willen 37,5. thaz suach er mit then forahtun, waz mennisgon io worahtun 5,20,8. mit minnu thes giflizit, in muat so diofo lazit 23,36. sus missefareuue aha . umbegriffen ze erist . mit chreftigen biugon . alle die uuilsalda dero uuerlte . ioh tero dieto *hi igitur amnes discoloris cursus . praedictas rerum nationumque fortunas . inmensis primo sinibus ambiebant* Nc 709,8 [25,10]. vnde hinkent sie uua.. sie mit eine.. vůze gant . ueteris testamenti (der altv*n* gvnge) Np 17,46 (*X* = *S.* VII,1). also diu puzza, da uz man daz uuazzer mit arbeiten skeffet W 71,6 [139,19]; *ferner:* S 337,40 (2). 138,28 (*BB* = 27 *WB*). 344,7. O 1,1,110. 2,26. 2,47. 24,14. 2,6,10. 9,66. 16,24. 3,9,13. 25,18. 4,37,1. 2. 4. 6. 34. 5,5,20. 15,8. 20,98. Oh 86. Nc 709,16 [25,17]. W 46,5 [85,6]; – *Glossen nur mit* mit *Fügung:* nals (*1 Hs.* nict) mit holden *non rectis* [*... oculis Saul aspiciebat David a die illa, 1. Reg. 18,9*] Gl 1,402,3 (*1 Hs. ohne* mit). mit giuvareru [*antequam ad propositum modum ea quae dixeram,*] *subtili* [*emendatione perducerem, transtulerunt, Greg., Hom., Prol. p. 1434*] 2,265,15. mit invuertigen [*quisquis hoc, quod sibi deest, lumen aeternitatis intelligit, clamet*] *medullis* (*intimis, vgl.* Gl 5,452,30) [*cordis, clamet et vocibus mentis, ebda., I,2 p. 1441*] 268,40. smid*l*ihhero mit meistarlichero henti [*condigna vestris sensibus coli iubetis numina excisa*] *fabrili manu* [*Prud., P. Vinc.* (*V*) *69*] 426,52 (*1 Hs. nur* smidalîh). mit ingaganprunganen chreftin [*ecce lacessentem*] *conlatis* (*Glosse: collectis, vgl. PL 60*) *viribus* [*audet prima ferire Fidem veterum cultura deorum, ders., Psych. 28*] 592,8. mitt gihellemo [*canamus ore*] *consono* [*Lat. Hymnen S. 152,240,8*] Amsterd. Beitr. 4,119,5 = Mayer, Glossen S. 141,11;

f) *modal-kausal: auf Grund von:* bigondun mit githankon tho druhtine thankon O 3,6,50. mit thir bin garo, druhtin, mit muate joh mit mahtin, in karkari zi faranne joh tothes ouh zi koronne 4,13,23 (*vgl. Kelle 3,405*); *Glosse:* mit lima (*2 Hss.* limo, *zu Instr.?*) [*confortavit faber aerarius ... eum, qui cudebat tunc temporis, dicens:*] *Glutino* [*bonum est, Is. 41,7*] Gl 1,611,60 (*3 Hss. ohne* mit);

g) *modal-konzessiv: trotz:* giuuelih ther dar forlazit hus ... zehenzucfalt intfahit, nu in therra ziti hus inti bruoder inti suuister inti muoter inti kind inti accara mit ahtnessin, inti in zouuuarti euuin lib bisizzent *omnis qui relinquit domum ... centuplum accipiet, nunc in hoc tempore domos et fratres et sorores et matres et filios et agros cum persecutionibus, et in futuro* T 106,6. thu scalt iz thoh irfullen mit thinemo unwillen O 5,15,44; *Glosse:* mit scedin [*prius quippe* (*David*) *ferire deprehensum persecutorem noluit, et post*] *cum damno* [*desudantis exercitus etiam devotum militem* (*sc. Uria*) *extinxit, Greg., Cura I,3 p. 5*] Gl 2,179,2.

4) *instrumental* (*zur Angabe des Mittels oder Hilfsmittels, womit eine Handlung vorgenommen oder ein Vorgang ausgelöst wird, sowie zur Angabe des Urhebers, der Person oder Sache, die eine Handlung vornimmt oder einen Vorgang auslöst, auch in bildl. u. übertr. Gebrauch*)*: mit, durch:*

a) *das Mittel ist eine Sache, auch in bildl. u. übertr. Gebrauch* (*vgl. auch* III 1dα)*:*

α) *bei Verben des Berührens:* so sciero so ih mit den handon die erdon beruere *et tange terram utraque manu* S 381,6 (*M* zo sciero zo diu hant wentet zer erden). ir mit einemo fingare iuuueremo ni ruoret thia burdin *ipsi uno digito vestro non tangitis sarcinas* T 141,25. sid druhtin Krist quam uns heim inti iz mit sinen lidin rein O 1,26,2; *ferner:* T 141,2. O 3,21,5. 5,1,44. andera uuila tuohta si mir den himel ruoren . mit obenahtigemo houbete *videbatur pulsare caelum . cacumine summi verticis* Nb 9,23 [8,7]; – *Glosse:* mit cleinen [*si modicum salis*] *eminulis* (*Glosse: longe praeminentibus, vgl. PL 60*) [*... digitis tangere ... velis, Prud., P. Eul.* (*III*) *122*] Gl 2,491,60;

β) *bei Verben des Besitzwechsels:* hantfol daz mit hendi ziuhant daz ist regil endi raupa *manubiae quae manu detrahuntur id est spoliae* Gl 1,207,4. ic dir nach sendi mit minin funf fingirin funui undi funfzic engili S 397,2. thaz her sinen engilun gibiote fon thir, thaz sie mit iro hantun thih nemen *quia angelis suis mandavit de te, et in manibus tollent te* T 15,4. incloub man mit then suerton thaz kind ir then hanton O 1,20,17. Imarmene ... infieng tie fone dero uuerbun springenten ringa . mit iro geuuundenen brusttuoche *excipiebatque Imarmene ex volubili orbe decidentes speras . i. giros peplo inflexi pectoris . i. inflexo peplo pectoris* Nc 739,27 [55,17]. to reihta er mit tero zeseuuun zuei sinuuelbiu chliuue *tunc duos globosos orbes ... dextra porectiore corripuit* 741,13 [57,2];

γ) *bei Verben und verbalen Gefügen des emotionalen Bewegens:* nu nimag ich noh nichan mit herzan noh mit munde mih so giruogen S 148,1. tu mich arman ... irlostast mit temo dinemo heiligemo bluodie 181,2. mid dem bluode (*Christi*) der aberlost wart al mankunne JEGPh. 51,347,3. thiz folc mit leffurun eeret mih *populus hic labiis me honorat* T 84,5, *z. gl. St.* NpglNpw 4,5. gifrewen ouh thie thine mit geistlichemo wine O 2,9,24. mit theru diurun lichi so lost er woroltrichi 4,27,13. mit leporon mendislis louan sal munt min *labia exultationis laudabit os meum* Pw 62,6. er (*Gott*) gelonot in (*den Heiligen*) dero uuarto . id est spei (kedingi) mit tero anasihte NpNpw 9,12. mih an dien minen genietost du freuui . mit dinemo analiute *adimplebis me laetitia cum vultu tuo* 15,10 (= Npw 11). der segen ist . daz du in freuuist in mendi . an sinen fidelibvs (holdon) . mit dinemo analiutte *laetificabis eum in gaudio cum vultu tuo* 20,7; *ferner:* O 4,33,32. NpNpw 25,12. Npw 5,15 (Np 13 gecoronot). W 21,7. 53,17 [61,16. 105,17];

δ) *bei Verben des Fesselns,* (*Zusammen-*)*Bindens und Fangens:* (gipuntana) mit hantdruhun [*post te ambulabunt,*] *vincti manicis* (*6 Hss. -as*) [*pergent, Is. 45,14*] Gl 1,613,16 (*2 Hss. nur* gipuntin). nisculen unsih nieth pinten mit demo unziloslichen kibente des helliuuizzis [*vgl. nolite vos malis actibus insolubili vinculo alligare terrenarum rerum ambitu, BH, Schmid II,29,68*] S 173,1,4. noh mit ketinun giu mohta in einig man gibintan *et neque catenis iam quisquam eum poterat ligare* T 53,4. thes in in weidu zaweti, friunton ouh zi nuzzin, gifangan mit then nezzin O 5,13,10. doh sia dea Memoria mit culdinen druhen heftendo suarti *licet eam auri compedibus illigatam Memoria praegravaverit* Nc 699,30 [14,19]; *ferner:* T 53,4 (2). 135,26. Nb 23,2 [18,30]; – *Glossen nur mit* mit-*Fügung:* mit uualzun [*callidus inlaqueat volucres aut*] *pedicis* [*dolus aut maculis, Prud., H. a. cib.* (*III*) *42*] Gl 2,401,3. 414,52. mit seitun nezzun *maculis* (*Glosse: retibus, vgl. PL 59*) [*ebda.*] 5. mit mascon [*ars olli captare feras, animalia bruta inretire*] *plagis* (*Glosse: maculis, vgl. PL 59*) [*, retinacula denique caecis indeprensa, ders., Ham. 140*] 526,29;

ε) *bei Verben der Fortbewegung:* mit reitvn farentero ia dero spilaro [*illi namque*] *aurigarum et* (*Hs. ac*) *histrionum* [*gesta favoribus efferunt, Greg., Cura 3,10 p. 45*] Gl 2,227,29. mit minan fuozun gien ih dar in urloubit niuuas S 316,25. sehs fethdhahha (*der Seraphim*) uuarun eines, sehse andres ... mit zuuem flugun *sex alae uni et sex alae alteri ... duabus volabant* I 20,9. an fluode ouirlithon solun mit fuoti *in flumine pertransibunt pede* Pw 65,6; – *Glossen nur mit* mit-*Fügung:* mit spirderenten [*ipse* (*Jesus Christus*) *super fluidas plantis*] *nitentibus* [*undas ambulat ac presso firmat vestigia fluctu, Prud., Apoth. 655*] Gl 2,396,42. mit scritin [*iamque Lycaonios incedens*] *passibus* [*agros Lystram Paulus adit, Ar. II,156*] 773,3 (*vgl.* Beitr. (Halle) 85,239);

ζ) *bei Verben des Mitteilens:* mit herzen unde mit munde pringet fure die keuuarheit [*vgl. veritatem ex corde et ore proferre, Beitr. 63,286*] S 162,24. daz ir mitimund gesprochen habent 344,8. sie lertun sie iz mit suerton O 1,1,83. lertost sia mit Platonis munde *tu sanxisti . i. statuisti hanc sententiam ore Platonis* Nb 25,4 [20,19]. allero meist tie poetę nah Euagrio fahende demo citharista . unde nah temo suozen gechose des alten blinden Meonii . mit lobesamero . unde mit misseliutigero pagina daz sagetin *poetae praecipue . secuti Oeagrium cytharistam . et suaviloquam . senectutem caecutientis Maeonii . epica liricaque pagina consonarent* Nc 693,17 [7,15 (2)]. also er gehiez mit demo munde sinero heiligon uuizegon die fone anagenne uuaren *sicut locutus est per os sanctorum qui a saeculo sunt prophetarum eius* NpNpw Cant. Zach. 70; *ferner:* O 1,1,84. Nb 25,13 [20,27]. NpNpw 21,8;

η) *bei Verben des Nährens und Tränkens:* so drenkist drahta thine mit fronisgemo wine O 2,9,94. mit themo brunnen, thu nu quist, mih wenegun gidranktist [*vgl. da mihi hanc aquam, Marg. nach Joh. 4,15*] 14,44. neuuurte du mit minemo spunge gesouget *qui quondam nutritus nostro lacte* Nb 15,29 [13,3]. uuanda cęlestis ignis ist obe ęthere . unde umbe ętherem . unde daz chedent philosophi mit temo erdfiure gezugedot uuerden Nc 747,18 [63,1]. iro fuora habent sie . dia sie suochent mit dero sie den lichamen nerent NpNpw 4,8. daz ih keazzet uurde mit starcherun fuoro danne diu milch si 22,5. mit demo guote allemo uuard er gemestet Cant. Deut. 15. dine doctores, die der mit lacte diuini uerbi ziehent beide Judaicum populum ioh gentilem W 59,4 [117,19]; *ferner:* O 2,9,23. 4,33,20. Pw 68,22. Nb 15,29 [13,3]. W 64,4. 66,11 [125,17]. 127,30]; – *Glossen:* mit nidarseigigan [*de languidulis fota*] *natatibus* [*lucem perspicuo flamma iacit vitro, Prud., H. ad inc. luc.* (*V*) *143*] Gl 2,401,36. mid mela *farre* [*pullos pascitis, ders., P. Rom.* (*X*) *147*] 580,32 = Wa 94,18;

θ) *bei Verben des Prüfens:* mit fuire uns irsuohtos *igne nos examinasti* Pw 65,10. thia gecoroda sint mit siluer *qui probati sunt argento* 67,31 (*zum Fehlen der Dativendg. bei siluer als Schreibfehler vgl. van Helten S. 151*). sie selben stuonden unde uuarteton . unde churen mih . Carnem (lichamin) mit dien ougon . nals uerbum (goteheit) mit dien herzon NpNpw 21,18 (= Npw 19);

ι) *bei Verben des Reinigens:* mit pesemin cherient [*scopabo eam* (*Babel*)] *in scopa terens* [*Is. 14,23*] Gl 1,602,44 (*9 Hss.* in *statt* mit, *6 nur* besamo). diu mit ira zaheren gotis fuoze duuuoch *quae pedes domini lacrymis rigavit* S 157,22. suenne unseriu muot imo (*Christus*) kiluteret uuerdent ... mit demo brunnen dera zahire 168,13. mid demo wascere da abegewascen wart al mennischlich sunda JEGPh. 51,347,5. ih uuirbu in min hus thanan ih uzgieng, inti quementi findit zuomigaz mit besemen gifurbit inti gigaruuit *revertar in domum meam unde exivi, et veniens invenit vacantem scopis mundatam et ornatam* T 57,7. mit dien (minen tranen) uuascho ih iz *lacrimis meis stratum meum rigabo* NpNpw 6,7;

κ) *bei Verben des Rettens und Schützens:* mit henti siu mo scirmit O 3,1,37. irretitin mit suerton uzar iro hanton 4,17,20. mit tero festi beuuarote *eoque vallo muniti* Nb 21,20 [17,24]. die die cristenheit cunnen beschirmen mit spiritualibus armis W 51,12 [97,1]. so er mit gladio uerbi dei beuuaret Ecclesiam 16 [11];

λ) *bei Verben des Schreibens:* in erdu tho, so man weiz, mit themo fingare reiz [*vgl. digito scribebat in terra, Joh. 8,6*] O 3,17,36, *z. gl. St.* mit sinemo fingare screib in erdu T 120,4. ih sus amerlicha chlaga screib mit temo grifele *signarem lacrimabilem querimoniam . officio stili* Nb 9,2 [7,22]; *ferner:* O 3,17,42;

μ) *bei Verben der Wahrnehmung und des Erkennens:* [the alla thing ... fernimid mid then oron *qui ... auribus ... intellegit cuncta* Wa 7,3 = 13,16.] min sie ... mit herzen furstantent *ne ... corde intellegant* T 74,6. nu sehet, mit then ougon biginnet umbiscowon [*vgl. levate oculos vestros, Marg. nach Joh. 4,35*] O 2,14,105. want er sih mit then ougon forna mag biscowon 3,23,36. tho druhtin mit then ougon thaz grab bigonda scowon [*vgl. elevatis oculis, Marg. nach Joh. 11,41*] 24,79. mit oron infahe min gebet *auribus percipe orationem meam* NpNpw 16,1, *ähnl.* Pk(w) 85,7 (= 85,6, *vgl.* Mischtexte S. 441). mit oren gehorendo gehorta er mir . âne ougon gesiht *in obauditu auris obaudivit mihi* NpNpw 17,45. daz lieht nemagen uuir mit ougen gesehen, suntir mit deme muote Npw 4,7 (Np *nur mente*, Npgl *nur* muote); *ferner:* S 316,21. T 74,6 (2). O 2,16,22. 3,6,15. 21,36. 5,23,38. NpNpw 5,2. NpglNpw 4,7;

ν) *bei Verben des Zeigens:* in eigun sie iz firmeinit, mit wafanon gizeinit O 1,1,82. Apollo zeigota iro ouh mit sinero uuiziglichun gerto ... alle fogelrarta *Delius ... divinatrice eadem coniecturalique virga . volucres illi ... monstrabat* Nc 698,8 [13,1];

ξ) *bei weiteren Verben und verbalen Gefügen:* mit prustu*m* the*n*khit *pectore cogitat* Gl 1,267,22. mit mittulle kiualdis edo kipintis [*si septem crines capitis mei*] *cum licio plexueris* [*..., infirmus ero, Jud. 16,13*] 388,40. mit versano spurntost [*quare*] *calce abiecistis* (*1 Hs. abicitis, 4 Hss. abiecisti*) [*victimam meam, 1. Reg. 2,29*] 397,8. pigisilti mit insigili [*quem* (*den Stein*)] *obsignavit* [*rex*] *annulo* (*Hs. anulo*) [*suo, Dan. 6,17*] 662,37 (*7 Hss. ohne* mit). poson mit reganhafden regenon merost [*omnipotens genitor ... qui ... segetum*] *glumas nimbosis imbribus auges* [*Aldh., De virg. 9*] 2,21,54. mit scaftin stozin [*equos suos coeperunt singuli*] *hastis tundere* [*Greg., Dial. 1,2 p. 157*] 250,10. mit stangun gisuohta sia *conto petit* [(*sc. Ira*), *Prud., Psych. 116*] 383,66. 524,44. 530,23, *z. gl. St.* mit stanno ł cholbo 532,31. mit aftanantigemo cherit *ima verrit* [(*die Kuh*) *vestigia cauda, Verg., G. III,59*] 636,44. gitripaner mit rivmin [*ille* (*Kreisel*)] *actus habena* [*curvatis fertur spatiis, ders., A. VII,380*] 660,6. inan traf mit stralu kaluppero [*arrepto arcu*] *appetiit* [*illum sagitta*] *toxicata* [*Mem. Mich. p. 1522D*] 760,20. unti im iro lintun luttilo wurtun, giwigan miti wabnum S 8,68. so uertiligot er (*der Löwe*) daz spor mit sinemo zagele *cum cauda delet post se vestigia sua* 124,7. daz ich gebuozze min unreht ... mit deme selben libe, da ich ez mite gefrumet han 347,68. daz ich mich versundet han ... mit den ougen, mit den orin, mit dem munde, mit handen unde mit fuozzen, mit allen minen lidern 359,87 (4). 88 (2). Crist unte Iudas spiliten mit spieza 377,1. Longin*us* stach den eligen Crist mit enimo spere in sine cesewen sidin JEGPh. 51,347,2. in dhrim fingrum chiuuisso dher heilego forasago dhea dhrifaldun ebanchiliihnissa dhera almahtigun gotliihhin mit sumes chirunes uuagu uuac *in tribus quippe digitis propheta trinam divinae omnipotentiae aequalitatem* s u b *quadam mysterii lance libravit* I 19,15. chauftun mit dem (*d. i.* pendinga) .. *emerunt ex illis agrum figuli* F 24,7. ni sentet iuuara merigrozza furi suin, min odouuan furtreten sie mit iro fuozun *neque mittatis margaritas vestras ante porcos, ne forte conculcent eas pedibus suis* T 39,7. thaz skef in mittemo seuue uuas givvuorphozit mit then undon *navicula ... in medio mari iactabatur fluctibus* 81,1. allero giuuelih mit fiure uuirdit gisalzen, inti eogilih bluostar salza uuirdit gisalzan *omnis ... igne salietur et omnis victima sale salietur* 95,5. (Maria) salbota sine (*Jesu*) fuozi inti suarb mit ira locon *unxit pedes eius et extersit capillis suis* 138,1, *z. gl. St.* O 4,2,17, *ähnl.* S 157,23. bigonda thuuahan fuozzi sinero iungirono inti suuerban mit themo sabane *coepit lavare pedes discipulorum et extergere linteo* T 155,2, *z. gl. St.* O 4,11,17. mit fustin sluogun inan *colafis eum ceciderunt* T 192,1. mit sineru henti sie ouh wari wihenti O 1,4,74. er (*Abraham*) sah iz (*das Schaf*) thar wernon in bramon mit then hornon 2,9,60. so kualist thu thih ofto mit brunnen redihafto 92. mit henti siu mo scirmit, mit theru si (*die Mutter*) iz (*das Kind*) ... fillit 3,1,37. es man nihein ni helfe, mit steinon sia biwerfe [*vgl. lapidare, Joh. 8,5*] 17,16. sie liafun zi iro steinon sar io then meinon; mit then io then wilon so woltun sie nan pinon 19,24 (*F* middont). joh fallent sie ginoton fora iro fianton, untar iro hanton speron joh mit suerton 26,44. then sie hiar gidottun, mit kruce martolotun [*vgl. qui crucifixus est, Matth. 28,5*] 5,4,43. thaz spil, thaz seiton fuarent joh man mit hanton ruarent 23,201. also an uualde holto mit accusin hieuuon duri iro ... an acusi in an bardon *ni*theruuirpon sia *quasi in silva lignorum securibus exciderunt ianuas eius ... in securi et ascia deiecerunt eam* Pw 73,6. anbranton mit fuiri heilicduom thin *incenderunt igni sanctuarium tuum* 7. tie imo sin ser ... meront . mit suozemo eitere iro uuorto *quae ... dolores eius ... alerent dulcibus venenis* Nb 12,6 [10,4]. mit kelesotemo tuoche iro uuate . uuista si miniu vuuoffenten ougen *contracta veste in rugam . siccavit oculos meos . undantes fletibus* 16,32 [13,28]. to du mir bildotost an dero ascun . mit tinero zeigoruoto . die uerte dero siben uuallonton sternon *cum describeres mihi radio . i. virga vias syderum . i. planetarum* 24,8 [19,26]. so choroen dia trimbi ze erest ubernemen . mit lenen unde mezigen gebahedon *hanc temptabo paulisper attenuare . lenibus mediocribusque fomentis* 49,23 [40,8]. tie ringenten samen . daz chit quatuor elementa . duingest tu mit tougenen banden *qui stringens . i. stringis pugnantia semina . archanis vinclis* Nc 689,14 [3,17]. tu statist iro gehileih mit ungelichemo bande *foves sacro complexu dissona nexa* 18 [20]. suozta si iro mit honange *melle permulserat* 699,9 [14,3]. Apollini . mit seiton spilentemo *Clario fidibus personanti* 713,20 [30,10]. mit tero uuinsterun ferdruhta er ... sina niunliutigun lyrun *leva enneaptongon chelin ... imprimebat* 741,17 [57,4]. sumelichen mit temo stabe daz houbet in ernest prechende *caput illis virga comminuens* 762,3 [78,1]. dien selben uuarta si bliuuendo daz houbet . mit tero fiuste *eisdemque quibus fuerat eblandita ictibus crebris verticem ... vulnerabat* 9 [6]. tie rihtest tu mit iseninro gerto *reges eos* i n *virga ferrea* NpNpw 2,9. mit dien zungon farent sie trugelicho *linguis suis dolose agebant* 5,11. mahtigo teta er mit sinemo arme *fecit potentiam* i n *brachio suo* Cant. Mariae 51. mit iro zungen fure brahton si die losheit *linguis suis dolose agebant* Npw 13,3 (Np mit iro gechose). der Egiptius ist unde der Pharaon folgit, chuit den tiufal, der uuirt pisoufit mit den unden dere achuste Cant. Moysi 19 (Np *nur fluctibus vitiorum*). (*der Schauspieler*) uuiblicho neuuanchoe mit ten siton *nec muliebriter deducenda sunt latera* Nr 683,16 [181,5]. diu sacramenta scripturarum, da man ane uindet diu uuahsen gescoz minero praeceptorum, mit den man die aduersarias potestates muge uuider triban uone minero burg [*vgl. propugnacula sunt sanctarum scripturarum divinarum sacramenta, de quibus veluti iacula procedunt, quibus adversariae repelluntur potestates, Haimo in Cant. p. 317C*] W 58,18 [115,33]; *ferner:* S 316,23. 348,96. 399. T 53,5. 68,1. 189,3 (2). O 1,5,58. 19,10. 22,25. 4,2,18. 4,28. 34. 5,54. 26,38. 50. 27,8. 29,7. 5,2,7. 4,44. Pw 59,7. Nb 12,9. 24,13. 24,20. 29,21. 43,23. 43,27. 46,10 [10,7. 20,1. 20,7. 24,10. 35,15. 35,18. 37,14]. Nc 687,15. 707,19. 711,28. 745,16. 751,1. 763,14. 16 [2,14. 23,10. 28,12. 61,1. 66,11. 79,14. 16]. NpNpw 2,4 (2). 7,13. 10,4. 16,14 (= Npw 13). 25,2. Cant. Moysi 9. W 39,10. 52,26. 67,8. 70,9 [77,29. 101,13. 129,23. 137,30]; – *G l o s s e n n u r m i t* m i t-*Fügung:* mit erhegetemo (*1 Hs.* mit temo heiftemo) vuinte [*septem spicae tenues, et*] *vento urente* [*percussae, Gen. 41,27*] Gl 1,308,65. mit scaro [*Samgar filius Anath, qui percussit de Philisthiim sexcentos viros*] *vomere* [*Jud. 3,31*] 383,3. mit hintanontigemo sperascafte in hegadruasi [*percussit ... eum Abner*] *aversa hasta in inguine* [*2. Reg. 2,23*] 425,12. mit habihemo scafte *aversa hasta* [*Greg., Cura 3,16 p. 58 = ebda.*] 2,206,6. 209,38. 233,59. mit afiltrinan stabon [*pater meus cecidit vos flagellis, ego* (*Roboam*) *autem caedam vos*] *scorpionibus* [*3. Reg. 12,11*] 1,431,55. 439,40 (*1 Hs. ohne* mit, *1* astalohte stapen apholtrinen stapon *mit Randgl.* hastalohten *scorpiis*). mit hauenscripine [*qui* (*Iob*)] *testa* [*saniem radebat, Job 2,8*] 500,28 (*6 Hss. ohne* mit, *2 nur* scirbe). mit munte [*quis mensus est pugillo aquas, et caelos*] *palmo* [*ponderavit? Is. 40,12*] 611,11 (*6 Hss. ohne* mit). mit scripmezeresse [*cumque legisset Iudi tres pagellas vel quatuor, scidit illud*] *scalpello* (*1 Hs. -um*) [*scribae, Jer. 36,23*] 633,1 (*11 Hss. ohne* mit). mit ginumenem schefe *summisso vase* [*... ferebantur, Acta 27,17*] 752,38 (*7 Hss. vor* schefe *nur* inginomanemo). craffen mit temo clo [*adversa plerumque ad vera bona ...*] *u n c o* [*retrahit, Boeth., Cons. 2,8 p. 48,17*] 2,71,8. mit fascungun [*nonnulla vulnera quae curari incisione nequeunt,*] *fomentis* [*olei sanantur, Greg., Cura 3,13 p. 53*] 169,60. mit vuassi [*ne vitium quod per suggestionem tentat, mollitie delectationis subigat: cumque haec ab animo tarde repellitur,*] *mucrone* [*consensus occidat, ebda. 2,2 p. 15*] 181,25 (*3 Hss. ohne* mit). mit hantfol [*carnifex ... prunas*] *maniplis* [*confovere stuppeis, Prud., P. Rom.* (*X*) *864*] 395,34. mit uuarfa [*additur ars, ut fila herbis saturata recoctis inludant varias distincto*] *stamine* [*formas, ders., Ham. 291*] 405,76. seigregin mit nidarseigigan (*1 Hs. nur* mit nidarseigan *u. dazu* uonna seig:lichen) [*pendent mobilibus lumina funibus, quae suffixa micant per laquearia, et* d e] *languidulis* (*mollibus*) [*fota natatibus lucem perspicuo flamma iacit vitro, ders., H. ad inc. luc.* (*V*) *143*] 418,50. mit nidarsihtigemo [*nam flendo pernox inrigatum pulverem humi madentis ore pressit*] *cernuo* (*Glossen: inclinato, curvo, vgl. PL 59*) [*ders., H. ieiun.* (*VII*) *43*] 420,19. mit vuassi [*cum te satelles idoli praecinctus atris legibus litare divis gentium*] *ferro* [*et catenis cogeret, ders., P. Vinc.* (*V*) *16*] 426,29. mit plian [*tundatur ... terga crebris ictibus*] *plumbo* [*-que cervix verberata* *extuberet, ders., P. Rom. (X) 117*] 448,9. mit cho*l*pin *clavam* (*Laa. u. Hs. clava, Glossen: lancea hasta, baculus, vgl. PL 60*) [*minari, ni (Hercules) colatur, creditur, ebda. 285*] 450,18 (*1 Hs. nur* kolbo). mit cuibiziken [*offerens costas*] *bisulcis* [*execandas ungulis, ebda. 73*] 481,44. mit dien uivhten mindilon hoc sunt kamin [(*sonipes*) *inpatiens*] *madidis* [*frenarier ora*] *lupatis* (*Glosse: camo*) [*ders., Psych. 191*] 522,40, *z. gl. St.* 524,64. mit uuekkin [*primi homines*] *cuneis* [*scindebant fissile lignum, ders., Symm. II,285*] 529,4. mid bacvuaion [*estne deus, cuius cunas veneratus Eous*] *lancibus* [*auratis regalia fercula supplex virginis ad gremium pannis puerilibus offert? ders., Apoth. 609*] 578,31 = Wa 93,2. mid hritherinon [*aras ofellis obsecrare*] *bubulis* [*ders., P. Rom. (X) 383*] 581,21 = Wa 95,32. mid themo gurdisla [*summus sacerdos …*] *cinctu Gabino* [*sericam fultus togam, ebda.* 1015] 583,8 = Wa 97,6. mit fusten [*illa (infelix mater) genas secuit, nudum ferit altera*] *pugnis* [*pectus, Sed., Carm. pasch. II,124*] 615,61. mit suren pie*r*un [*hic noctem ludo ducunt, et pocula laeti fermento atque*] *acidis* [*imitantur vitea sorbis, Verg., G. III,380*] 639,66. ioch mit scintlon [*hunc angusti-*] *que imbrice* [*tecti parietibusque premunt artis, ebda. IV,296*] 644,33. mit uvinte [*illum expirantem transfixo pectore flammas*] *turbine* [*corripuit, ders., A. I,45*] 645,68. mit krapin [*castra modo et tutos servarent*] *aggere* [*muros, ebda. IX,43*] 664,18. mit trahto [*alius latum*] *funda* [*iam verberat amnem alta petens, ders., G. I,141*] 678,60. mit leime [*tum laqueis captare feras et fallere*] *visco* [*inventum, ebda. 139*] 685,61. mit heimisgemo [*regina in mediis*] *patrio* [*vocat agmina sistro, ders., A. VIII,696*] 713,18. mit prenniisarnu*n* [*exiliens ignis*] *de cauteriis* (*Hs. cum cauteribus*) [*combussit funes, quibus ligata erat Thecla, Pass. Thecl., Spicilegium p. 125*] 765,25. mit samegedruchtere [*frangitur armatum*] *conliso* [*pectore pectus, Lucan 4,783*] Scripta phil. 1,108;

b) *das Mittel, der Urheber ist eine Person oder ein Tier, auch eine Gruppe* (*vgl. auch* III 1dβ)*: mit, mit Hilfe von, durch:*

α) *bei Verben des Besitzwechsels:* thoh quement iu thio mahti, giwalt joh gotes krefti, thio gibit iu mit mir … ther selbo heilogo geist O 5,17,10;

β) *bei Verben des emotionalen Bewegens:* trost des heiligun geistes. Mit demo trosti mih unta starchi mih S 184,24. ih zeno ouh sie mit demo . der noh liut neist . mit tumbemo diete gremo ih sie *et ego provocabo eos in eo qui non est populus . et in gente stulta irritabo illos* NpNpw Cant. Deut. 21;

γ) *bei Verben des Mitteilens:* daz mit forasegin qhuedente *illud cum propheta dicentes* S 195,3; *ferner:* 198,30. 215,27. 216,4. 217,20 (*alle cum*);

δ) *bei Verben des Reinigens:* ih habo uzkefrumet mine apostolos (poten) . die mine starchen sint . mit dien uuasco ih diea uuerlt iro unsuberi NpNpw 21,15;

ε) *bei Verben des Rettens und Schützens:* thaz ih mih nu biwerie mit mines selbes herie O 4,21,24. uon dannen habo ih dih allen halbon beuuaret mit angelicis praesidiis uuider demo tuiuele W 67,5 [129,17];

ζ) *bei Verben des Zeigens, Ausdrückens, Bekanntmachens:* mit den *hunten uuerdent* pizeichinet *die heidinen* [*vgl. canes autem homines gentiles, BH, Schmid II,35,96*] S 174,3a,19. uuanda mit tien (*den Vögeln*) uuizegota er (*Apollo*) . so er chumftigiu scaffota *nam futura plerumque conformans . his praesagire consueverat* Nc 720,20 [37,12]; *ferner:* W 52,37 [103,2];

η) *bei weiteren Verben:* uzzan frahemees mit forasakvn truhtinan *sed interrogemus cum propheta dominum* S 194,7. mit Paulv potin lucke pruader fardoleent *cum Paulo apostolo falsos fratres sustinent* 214,31. sie … festinotun thaz grab biinsigilenti then stein mit bihalterin *illi … munierunt sepulchrum signantes lapidem cum custodibus* T 215,4. wuahs thaz kind in edili mit gote thihenti O 1,10,27. nist, ther thes biginne, thaz sulih io bibringe, gilih sar themo werke, mit got er iz ni wirke [*vgl. nemo enim potest haec signa facere, quae tu facis, nisi fuerit deus cum illo, Joh. 3,2*] 2,12,10. siu (*die Taten*) sint mit druhtine gidan [*vgl. quia in deo sunt facta, Joh. 3,21*] 96. wer ist … therer man, ther unsih dritit hiar so fram, mit heri uns sus hiar engit joh uzar ther burg thringit? 4,4,62. mit temo (*Merkur*) ih ioh min selbes kehileiche festenon *perque hunc ipse pater foedera sancio* Nc 765,22 [82,4]. tu nemaht nieht mit einero dohder zeuuena eidima machon Nl 595,9 [193,19]. mit imo (*Christus*) intsaztost du inimicum libertatis nostrę NpNpw Cant. Moysi 7. sie habent dine scripturas falsis interpretationibus (scrifte mit lukken antfristungon) fermeret NpglNpw 10,4. samo maht du, obe du din gedinge anne mih sezzest, genesan mit den angelicis praesidiis a raptu malignorum spirituum W 43,15 [81,34]; *ferner:* O 1,1,105. 3,13,23;

c) *das Hilfsmittel ist eine Handlung, eine Tätigkeit, ein Zustand, ein Verhalten, eine Äußerung, etwas Geschriebenes, etwas Abstraktes* (*vgl. auch* III 1dγ)*: mit:*

α) *bei Verben des Berührens:* tho er so hoho iz fuarta, thaz gotnissi ruarta mit worton filu diafen, thara wir zua io ruafen O 5,8,24; *ferner:* 3,21,20;

β) *bei Verben des Besitzwechsels:* giuuerthirid uuerthan. it mag tho giuunnan uuerthan. so mid minnaron so mid meron so man hauid *regnum caelorum nulli pecuniae potest comparari. tamen tanti valet quantum habes* [*Randgl. zu: secuti sunt eum, Matth. 4,22*] Gl 1,709,57. 58 = Wa 46,29. 30. givuinnames mit guoten sitin *vindicemus moribus* (*bonis, vgl.* Gl 5,452,34) [*dignitatem nostram, Greg., Hom. I,8 p. 1463*] 2,280,20. mid themo copa gicop vverthan *merce* (*Hs. mercede*) [*doloris*] *emi* [*spem luminis et diem perennem, Prud., P. Cypr. (XIII) 43*] 588,78 = Wa 103,9. it mag tho giuunnian uuerthan. so mid minneron so mid meron. so man hauid. ne mag giuuertherid uuerthan *adpropinquabit enim regnum caelorum nulli pecuniae potest comparari iam tanti valet quantum habes* [*Randgl. zu: appropinquavit (Hs. adpropinquabit) enim regnum caelorum, Matth. 4,17, nach Wadstein zu Matth. 4,22*] 4,287,24 (2) = Wa 48,14. 15. mit dinero chrefti pinim du mo (*dem Feind*) daz scefti S 106,23. nu irhuge, tohter, des chananeisken uuibes, diu mit ira ungestillintlichen digen die gotis gnada piuuarf *memor esto, filia, mulierem Chananaeam, quae per inopportunitatem suam beneficium salvatoris nostri impetrare meruit* 157,21. dara nah bito ih umba alla die, die sih in min gibet haban biuolohon mit bigihto odo mit flegun *pro his etiam, qui semet ipsos confessione vel aliqua interventione in mei peccatoris orationem commendare curabant* 186,52. 53. thaz spentot er nu liutin mit geistlichen datin, mit geistlicheru leru, thaz sagen ih thir zi waru O 3,7,47. 48. er … mit wasgu … thaz horo thana nami 20,26. mit worton mih ginuagen zi druhtine gifuagen 5,25,90. tu gibest tien lichamon libhafti . mit liebsamero gezumfte *auram mentis . i. spiritum vitae . corporibus socias . foedere complacito* Nc 690,6 [4,4]; *fer-*

ner: O 2,4,11. 3,6,22. 11,29 (2). 5,16,4. Nb 6,6 [5,28]. Nc 756,26 [72,16];

γ) *bei Verben und verbalen Gefügen des emotionalen Bewegens:* ivchante mit linden vuortun ł slichante [*sunt enim plerique conspirantes cum plebibus propriis, quas decipiunt, ut dictum est, earum*] *scalpentes* [*aures, blandi ad seducendum, Conc. Afr. LIII p. 152*] Gl 2,119,56 (*1 Hs. nur* jucken, *3 Hss. nur* juckilôn, *1 Hs. nur* kuzzilôn). mit ubilen listin virscunta [*hoc mulier rea criminis exprobranti respondit domino, suadelis se*] *malefabris* (*Glossen: fictis, artificiosis, vgl. PL 59*) *inlectam* [*suasisse viro, Prud., Ham. 714*] 397,41, *z. gl. St.* mit ubillistigan uarscunta 406,37. umbe uuaz *manest* du mih mit *dinen* uuorton [*vgl. quid me tu verbis adigis, Caesarius Arelatensis, Beitr. 63,276*] S 158,5b,6. neirkebet ubel mit ubele [*vgl. malum pro malo non reddere, ebda. 286*] 162,25. in suerso sina sela uuelle loesen mit den almuosen *quisquis igitur ille sit, elemoysinis … suam animam redimere contendat* S 173/174 (*vgl.* ZfdA. 135,168,36). mit dem heilige*n* pate*r* noste*r* habet ie*r* allen den vergeben 348,85 (*zum hdschr. Befund vgl.* Priebsch, Dt. Hss. S. 305,19/20). got so ir erist mannan chifrumida … mit scuonin dhera gotliihhun chiliihnissa chieredan *deus cum hominem fecisset … divinae imaginis decore honoratum* I 28,18. mit sinemo einen falle so irlost er unsih alle O 3,26,56. gidrostu ih iuih scioro mit frewidu alazioro 4,15,48. (*Jesus*) es êr io nirwant, êr er allaz thiz lant gidruabta harto in waru mit sines selbes leru [*vgl. commovet populum docens per universum Iudaeam, Luc. 23,5*] 20,26. interetun nan herton mit iro skeltworton 30,2. thar stuantun tho ginuage inti habetun nan zi huahe, zi bismere harto mit iro selben worto 4 (*wohl reimbedingter verstümmelter Dat. Plur., vgl. Piper, Glossar S. 623. 625*). thie selbun ewarton hontun nan mit worton 19. sus lokota er mit minnon thie drutmennisgon 5,11,35. biginnit sie anafarton mit egislichen worton 20,96. ni sie sih io muen mit managemo wewen 23,153. mit lon er iu iz firgelte Os 18. in himilriches scone so werde iz iu zi lone mit geltes ginuhti, thaz ir mir datut zuhti 22. louon sal ic namo*n* godis mit sange, in gemikolon sal ic imo an loue *laudabo nomen dei cum cantico et magnificabo eum in laude* Pw 68,31. tia zegehonenne mit andermo unliumende *quam uti fuscarent admixtione alicuius sceleris* Nb 35,2 [28,17]. du irrefsest mih mit suhte NpNpw Cant. Ez. 17. dien ioh reht tunchet . malum pro malo reddere (ubelis mit ubele lonon) NpglNpw 5,9; *ferner:* S 160,3. 160,9 (2). 349,105. 116. O 2,9,86. 3,15,42 (2). 4,25,12. 27,14. NpNpw 25,12; S 166,38 *s.* ξ; – *Glossen nur mit* mit-*Fügung:* mit antlazigero lera [*Christe … famulos*] *remisso* (*Glossen: levi, laxo, vgl. PL 59*) *dogmate* [*palpas, Prud., H. p. ieiun.* (*VIII*) *7*] Gl 2,422,17;

δ) *bei Verben des Bindens, Fesselns, Fangens:* brahtun imo (*Jesus*) alle ubil habante inti mit messalihhen suhtin … bifangane *obtulerunt ei omnes male habentes variis languoribus … conprehensos* T 22,2, *z. gl. St.* O 2,15,10. tatun es thinc, thaz sie then heilant fiengin mit feihane *consilium fecerunt ut Ihesum dolo tenerent* T 153,4. gibint then man mit worton: ther stante so in then banton O 3,12,41. complexio est conclusio . mit tero man begrifet tiu ereren zuei . tiu man uore sprach Ns 615,18 [297,11]; *ferner:* S 316,11. 12. 337,27. 349,100 (2). 101. 106. 358,35; – *Glosse:* mit pisuvichun [*quocirca capere ante*] *dolis* [*et cingere flamma reginam meditor, Verg., A. I,673*] Gl 2,647,52;

ε) *bei Verben der Fortbewegung:* hinnan heizet er scuzzo . unde uuuntmachig . uuanda er anageskineniu ding . mit tien skimon durhkan mag *hinc quoque sagitarius . hinc quoque vulnificus . quod possit radiorum iaculis icta penetrare* Nc 706,12 [22,1]. âne argliste neuuirdo ih mare … also Symon ze himele fliegen uuolta . mit tien selben listen NpNpw 9,Diaps. 6 (= Npw 9,29);

ζ) *bei Verben und verbalen Gefügen des Mitteilens:* kehonit uuerdent mit then listen [*puellae, saepe luduntur dolis, amasionum*] *conprimuntur fraudibus* [*Prud., P. Rom.* (*X*) *182*] Gl 2,492,19. mit uuideruuarbtero redo zelit daz Lucas [*quid, cum sanctiloquus revoluto germine Lucas sursum versus agit seriem, scandente nepotis corpore, perque atavos*] *cursum* (*Hss., Laa. cursu*) *relegente* [*vetustos? Ders., Apoth. 1003*] 514,34 (*1 Hs. noch* scono). 521,54. (ich) habe al mit den werchan … uirlouginet, sues sich (*BB*, ih *WB*) uiriehen habo mit der gloube worten S 141,9. die … andere mit ire guoten siten lerent unte leitent zi demo euuigan libe [*vgl. alios secum fideli devotione sanctis moribus deducentes ad aeternae vitae gaudia docent conscendere, BH, Schmid II,21,69*] 171,20. mit disimo globen so gi ich dem almahtigen gote … aller dere sunton, die ich ie gefrumeto 336,1. mit d*er* heil*igen* piechte habet ie*r* im ie*w*er sunde geròget 348,83 (*zum hdschr. Befund vgl.* Priebsch, Dt. Hss. S. 305,18/19). quit mit demo selben segena 386,LXXIII,2. mit gareuuem bilidum dhes heilegin chiscribes eu izs archundemes, dhazs ir selbo Christ ist chiuuisso got ioh druhtin *quia idem deus et dominus est, exemplis sanctarum scriburarum adhibitis demonstremus* I 4,7. mit dhes meghines chiliihnissu chraft dhes ebanuuerches endi einnissa dhera almahtigun spuodi … in dhrim fingrum dhurahchundida *parilitate virtutis cooperationem potentiae et unitatem substantiae … in tribus digitis declaravit* 19,16. nu chichundemes mit hęrduome dhes heilegin chiscribes *dehinc scripturae auctoritate … monstremus* 22,1. lang ist iz zi saganne, wio iz quimit al zisamane; iz mag man thoh irrenton mit kurzlichen worton O 2,9,74. bigond er … mit thesen redinon sie ofono bredigon 3,20,144. thaz bigond er redinon mit fronisgen bilidon 4,1,15. mit bredigu gibeittin, thaz sie unsih zimo leittin 5,28. gabun sie mit worte thaz selba zi antwurte 16,45. dien uuolti ih antuuurten mit temo antuuurte Canii *respondissem verbo Canii* Nb 31,25 [25,27]. ih gibo dir sulihe doctores … die den selben uuistuom mit sconemo gesbrache kunnon uure bringen W 18,6 [59,7]. uuante sie die perfectos instruunt mit spiritualis sensus dulcedine 66,9 [127,27]; *ferner:* O 1,1,83. 2,4,12. 14,88. 4,15,43. 5,12,94. W 36,5 [73,25]; S 118,4 [K.-T. 7,313,4] *s.* ν; – *Glossen nur mit* mit-*Fügung:* mit digin [*cum*] *obsecrationibus* [*loquetur pauper, Prov. 18,23*] Gl 1,535,42. mit vpilan goucalheitin [*deprome thesaurus, malis suadendo quos*] *praestigiis* (*Glosse: maleficiis, vgl. Pl 60*) [*exaggeratos obtines, Prud., P. Laur.* (*II*) *86*] 2,431,54;

η) *bei Verben und verbalen Gefügen des Nährens und Tränkens:* do er (*Christus*) gesatot uuard mit temo harme unde mit temo spotte unde mit uillon der iudon *postquam satiatus est a Iudaicis illusionibus* S 125,31 (2). 32. *mit* demo b*rote meini*te er d*ie evangelicam* lera, mit *dera kiweid*inet u*uirdet ein ieuue*lih kil*oubigiu sela* [*vgl. hic panem doctrinam evangelicam vult intellegi, qua pascitur anima fidelis, BH, Schmid II,35,90*] 174,3a,12. fuatiri siu io zi waru mit mines selbes leru O 5,15,10. du getranchtost in mit dinero gotheite NpNpw 20,4. uuie nietsam mir sint dine doctores, die der spunnehaft sint mit copia caelestis doctrinae W 64,3 [125,15];

θ) *bei Verben des Prüfens:* that giu mid is costungu so undarsokian muosti also man that hrenkurni dvod than man it sufrod [*zu: satanas expetivit vos*] *ut cribraret sicut triticum* [*Luc. 22,31*] Gl 4,299,20 = Wa 57,19. propositio est . mit tero uuir choroen . assumptio mit tero uuir aber choroen . ube man uns uuelle iehen Ns 615,29. 30 [298,3. 4];

ι) *bei Verben des Reinigens:* suenne unseriu muot imo (*Christus*) kiluteret uuerdent mit dera heiligen bredige S 168,12. daz er kireinit uuerde mit dera luterun pigihte. unte mit dera riuwa *eiusque emendationem pura confessione et poenitentia ... oportet precibus flagitare* S 173/174 (*vgl.* ZfdA. 135,168,34. 35); *ferner:* O 2,24,22;

κ) *bei Verben des Rettens und Schützens:* irretit thiz mit worton thia worolt fon then sunton O 2,7,14. biscirmi unsih ... fon alleru undati, fon egislichen suhtin mit thines selbes mahtin 24,26. nu sculun wir unsih rigilon mit thes kruces segonon, mit Kristes selben worton widar fianton 5,2,1. 2. ih kab tir ouh soliu gesareuue . tiu dih skirmdin . mit ungesuichenero uesti *contuleramus talia arma . quae te tuerentur invicta firmitate* Nb 16,4 [13,6]; *ferner:* S 106,22;

λ) *bei Verben der Wahrnehmung und des Erkennens:* wrm mit scrudełattemo kilerto archennan [*tradit deus ipse columbis ...*] *colubrum rimante* [*ingenio*] *docte internoscere* [*Prud., Psych. 790*] Gl 2,594,4. [*the* alla t*hing* ... *fernimid* ... mid the*mo liahte sinaro godhedies qui ... lumine suae divinitatis intellegit cuncta* Wa 7,4 = 13,17.] vbe niunzen sloz apodicticę . unde sibeniu dialecticę . uuola gelirnet sin . so uuizin man darmite . daz sie nuzze sint . alla uuarheit mit in zeeruarenne *si ergo satis intellectum est . omnem apodicticam constare in decem et novem modis syllogismorum . et dialecticam in septem modis syllogismorum . non sit dubitandum totam earum utilitatem esse . in invenienda veritate* Ns 619,27 [305,8];

μ) *bei Verben des Zeigens, Ausdrückens, Bekanntmachens:* uel est diffinitio determinatio rerum et explicatio. Mit tero uns geougit uuirdit unde vragenten gantwurtit wirdit, waz daz unde daz si S 118,4 [K.-T. 7,313,4]. mit so mihhiles hęrduomes urchundin ist nu so offenliihho armarit, dhazs Christ gotes sunu ... fona fater uuard chiboran *tali igitur auctoritate ... filius a patre genitus esse declaratur* I 1,9. mit dheseru urchundin dhiu eina gotnissa endi undarscheit dhero zuueiio heido fater endi sunes hluttror leohte ist araugit *quo testimonio et deitas et distinctio et deitas et distinctio personarum patris filiique luce clarius demonstratur* 9,12. ein guotliihhin dhera dhrinissa syrafin mit dhemu dhrifaldin quhide meinidon *unam gloriam trinitatis seraphin trina repetitione proclamant* 20,22. Petrus scalt thu heizen, mit giloubu iz ouh giweizen O 2,7,37. mit bilide gibot 3,3,3. thaz ih hiar gizeine, waz thiu thin gouma meine, mit geistlichen redinon then thinen liobon thegenon 7,4. mit worton iz gimeinta, mit zeichonon gisceinta 20,185. friskingen irslagenen . tie in herderen uuizegoton mit naturlichen sagon *ambagibus . aut denuntiata pecudum caede . phisiculatis prosicis extorum viscera loquebantur . quibusque . s. solitus erat . sortitus . i. divinationes excedere . vel . logia personare* Nc 702,7 [17,6]. iz (*verbum*) pezeichenet aber eteuuaz . mit zesamene gelegeten uuorten *consignificat autem quandam compositionem* Ni 507,19 [13,19]. ube diz einluzza ding ioman zeigot . ter zeigot iz paz mit specie tanne mit genere *si enim primam substantiam quid sit quis assignet . evidentius et convenientius assignabit . speciem proferens quam genus* Nk 382,23 [22,17. 18]. so ist dar . paranete . der mit . E . gezeichenet ist Nm 851,13 [331,12]. din iudicium inzundest tu . mit temo du ubelen skeinest tin zorn NpNpw Cant. Abac. 9. so marren uuir dine tugede . cantando unde psallendo (mit singendo unde mit seitspile) Npgl 20,14; *ferner:* O 1,17,58. 2,18,18. 3,14,114. 115. 4,36,2. 5,23,168. Nc 733,1 [49,14]. Nk 384,16. 17 (3) [24,19. 20 (2). 21]. Nm 851,15. 851,19. 852,1. 852,3. 852,6. 7 [331,16. 331,21. 333,25. 333,29. 333,33. 34]. W 9,5. 47,11 [49,14. 87,5];

ν) *bei weiteren Verben und verbalen Gefügen:* mit forahtun kiknusit mit e*ki*sin pifellit pirinnit *metum incussit terrorem incurrit* [*vgl. metum incussit imperat timere, CGL V,548,27, u. terret: terrorem incutit, confundit, Gloss. Lat. V TE 64*] Gl 1,209,29/31. iuchante mit linden uuorton odo slichante [*sunt enim plerique conspirantes cum plebibus propriis, quas decipiunt, ut dictum est, earum*] *scalpentes* [*aures, blandi ad seducendum, Conc. Afr. LIII p. 152*] 2,103,64 (*1 Hs. nur* jucken). solun gitribana mit pellungun gistoupis iagonter *volutabris pulsos* [*silvestribus apros*] *latratu turbabis agens* [*Verg., G. III,412*] 640,36. mit lope uualtinot [*Paulus tubae*] *praeconio* [*Christi*] *tonat* [*mysteria, Lat. Hymnen S. 152,240,21*] Amsterd. Beitr. 4,120,9 = Mayer, Glossen S. 141,15. spenis mih mit dinem wortun S 5,40. niuueiz der uuenago man, uuielihan uuartil er habet, denner mit den miaton marrit daz rehta 70,67. uzzan er ... mit fastun dio uirina kipuazti 72,98. er (*Petrus*) hapet ouh mit uuortun himilriches portun 103,4. alle die zŏge, die imo (*der Antilope*) uuiderstant an sinemo loufte, die segot ez abo mit dero uuassi sinero horne *condensa et superflua quaeque arborum incidendo secat* 129,94. .. *ma*nige mit sinen ubelen uuerchun keuuirserota *qui cum multorum destructione se perdiderit* 161,3,10. mit sinemo uuistuome scuof unta irlosta er (*Christus*) unsih 166,38. (filius dei) picherte mit sinera euangelisgen prediga unte mit sinen zeichenin die heidinen 170,35. ê ... (filius dei) in iz (*das Himmelreich*) intlouh mit sinera martyre [*vgl. usque dum Christus veniens sua passione et resurrectione coelestis regni portas aperuit, BH, Schmid II,16,230*] 72. die uuitiuun, die sih mit gotis helfa inziehint dere uuerltlichen vuunne [*vgl. qui viduitatis labore semetipsos ... deo auxiliante ab illecebrosis mundi desideriis custodire satagunt, ebda. 22,78*] 171,23. (daz menniscliche kislahte) daz dir plintiz firstoezzen uuart ... daz iz intluhte der filius dei mit demo kiuualte sinere gotheite [*vgl. per redemptoris domini nostri Ihesu Christi praesentiam illuminatur, ebda. 25,33*] 172,9. uuande si kiloupta, daz er si heilen mahte mit sinen uuorten [*vgl. quod eum verbo tantum salutem dare credidit, ebda. 33,25*] 173,2,10. so scol diu muoter diu heiliga *christin*heit zi gote haran ... daz aua er die inuuertis kirihte mit dera keistlichen kistungida *ut mater ecclesia ad dominum clamet sollicite, ut ... ille suam interius inspirando compunctionem corrigat* S 173/174 (*vgl.* ZfdA. 135,167,13). ibv nalles mit kenuhtsameru tati puazzit *si non cum satisfactione emendaverit* 208,22. swer diz mit waren riwen sorget ze bedenkenne unt wirdilichen *quicumque istud per veram paenitentiam perpendere curaverit* 343,12. swie ih gesundet han ... mit willen, mit worten, mit werchen oder mit boesen gedanchen 347,56. 57. nu habet ir iuch gevestenet mit dem heiligem glouben 358,37. (Anna) nirfuor nio fon themo temple, uzouh mit fastun ... thionota *quae non discedebat de templo, ieiuniis ... serviens* T 7,9. nist si (*die fränkische Sprache*) so gisungan, mit regulu bithuungan O 1,1,35. det er mit giwelti sineru henti, thaz er ubarmuati gisciad fon ther guati [*vgl. fecit potentiam in brachio suo, Luc. 1,51*] 7,13. mit zuhtin sier (*Johannes der Täufer*) mo huldta 2,7,3. joh duit in thaz gimuati mit thes namen guati 16,28. mit giloubu so giheiltu [*vgl. fides tua salvam te fecit, Luc, 8,48*] 3,14,48. mit zeichonon gidati, thaz inan ther liut irknati 15,20. sie farent thines ferehes mit selb steinonne 23,32. thir thankon mit worton joh mit werkon 24,91. joh mit theru krefti avur nan irquicti 4,3,15. wio ther heilego geist thie wizzi in scolta meron mit sines selbes leron [*vgl. spiritus sanctus ... vos docebit omnia ..., quaecunque dixero vobis, Joh. 14,26*] 15,38. zi tothe sie nan brungun mit wassidu iro zungun 20,40. mit theganheiti sitotin, thaz sie mih in irretitin 21,22. thaz sie thaz nintheken, mit stalu nan nirzukken [*vgl. ne forte ... furentur eum, Matth. 27,64*] 36,11. thaz ih mit themo (segane) thuruh Krist si umbikirg bifestit 5,3,5. thara leiti, druhtin, mit thines selbes mahtin 23,27. 57. 129. 171. 183. 193. 205. 219. 231. 241. 255. 269. 283. 295. thaz spil, thaz seiton fuarent joh man mit hanton ruarent, ouh mit blasanne 202. er mit thulti, so er bigan, al thie fianta ubarwan Ol 50. lazent mih imo sin muot neren . unde heilen mit minen carminibus *relinquite eum curandum sanandumque meis musis* Nb 12,29 [10,22]. chlageta si sih mit tisen uersen . mines unmuotes *his versibus conquesta est . de perturbatione nostrae mentis* 13,17 [11,8]. so uuisken siniu ougen . petimbertiu mit ṭemo nebele tero stirbigon dingo *tergamus paulisper lumina eius . caligantia nube mortalium rerum* 16,30 [13,26]. petroug si iro sumelicho . mit temo irreglichen uuane *pervertit nonnullos eorum . errore* 19,23 [16,2]. er habet mih kesculdet . mit sinero beneimedo *ille ... effecerat decretis suis de me* 30,10 [24,24]. tu ... den selben himel uuerbest . mit snellero uuando *qui ... versas caelum rapido turbine* 38,13 [31,6]. du statist iro ungelichen nusta . mit cotelichemo gehileiche *foves sacro complexu dissona nexa* Nc 689,16 [3,19]. in unde sia geminne tuonde . unde triuua mit minnon sterchende *sexus concilians . et sub amore fidem* 690,9 [4,7]. turhcrundende tougeniu ding mit michelen arbeiten *penetrans archana inmodico labore* 715,25 [32,16]. uuer zalta daz al sament selbero dero sternon manigi so ih uuano . âne Philologia . mit chleinnero analigungo? *nisi haec Philologia . gracilenta quadam adfixione consuevit?* 729,25 [46,15]. tanne si (*Philologia*) sie (*die Götter*) rauuente ... mit unmezigero fleho ze iro bate chomen *cum quiescentes eos ... ad se venire inaudita quadam obsecratione compelleret?* 730,1 [46,21]. skeid siu mit temo aduerbio non Ni 501,22 [6,11]. mit animali uuirdit uuitor gemarchot . tanne mit homine *dicens enim animal plus complectitur quam hominem* Nk 391,8. 9 [32,2. 3]. âne daz taz vuare ostrun sint. vnde uuariu resurrectio animę. vbe vuir dia finstri dero sundon vbervvinden mit temo liehte. dero guoti [*vgl. est enim vera resurrectio animae peccatorum tenebras luce pietatis et fidei vincere*] Ncomp 135,b24. tie rihtest tu ... mit unuuendigemo rehte *reges eos ... inflexibili iustitia* NpNpw 2,9. mit minero stimmo . daz chit . mit des herzen stimmo hareta ih ze dir *voce mea ad dominum clamavi* 3,5. mit patientię (kedulte) fortitvdine (starchi) . tate du mih dero sundigon ahtunga fertragen 17,40. daranah zanont sie fogela mit eiuermo bizze *devorabunt eos aves morsu amarissimo* Cant. Deut. 24. mit iro gechose muzton sie *linguis suis dolose agebant* Np 13,3 (Npw mit iro zungen). mit lobe haren ih ze imo *laudans invocabo dominum* 17,4. lonot mir nieht ein latitudinis fidei (der breiti gloubo) . quę per dilectionem operatur (diu mit minnon uuerchot) Npgl 17,25. die huohmuot tuot er mih ubirfaren mit dera anascouunge dere himilisgen Npw Cant. Abac. 19 (Np *nur contemplatione caelestium*). so an dero bietungo gehaftiu ding ... mit lougene geskeidin uuerdent *cum conexae propositionis partes ex affirmationibus iunctae . negatione dividuntur* Ns 609,14 [286,17]. sie mag man glicho notmezon . mit tisen uuortin *possunt enim unam et aeandem suscipere diffinitionem . in hunc modum* 620,10 [306,3]. cusser mih mit demo cusse sines mundes *osculetur me osculo oris sui* [*Cant. 1,1*] W 1,1 [45,1]. nu cumer selbo unte cusse mih mit dero suoze sines euangelii 3 [45,7]. den sculet ir congaudere unte sculet sie bilidan niet mit slafheite, sunter mit auiditate et (mit *nur A*) iucunditate 75,6. 7 [147,12. 13]; *ferner:* S 141,7. 336,12. 13 (5). 14 (3). 15 (3). 337,32 (2). 33 (3). 35 (2). 344,3 (2). 8. 348,82. 349,104 (2). 351,31. 353,18 (3). 356,45 (3). 46. 359,77 (3). 78 (4). 82. 83 (5). 84 (4). 85 (5). 86 (4). 88. 89 (3). 360,117. 367,4. O 1,17,38. 18,6. 19,10. 23,13. 28. 2,5,5. 8,22. 10,18. 11,47. 14,88. 24,10. 30. 3,2,10. 16,26 (2). 74. 22,40. 25,8. 4,1,22. 4,26. 49. 7,35. 13,37. 16,19. 26,16. 30,25. 37,26. 27. 29. 5,1,12. 14,13. 17,3. 23,225. 25,88. Oh 29. 77. Nb 11,19. 11,27 (2). 12,10. 12,16. 26,17. 30,15. 39,2. 40,17 [9,20. 9,27. 28. 10,7. 10,12. 21,25. 24,28. 31,22. 32,29]. Nc 687,14. 15. 690,6. 698,3. 701,28. 733,24. 720,4. 764,27. 766,5 [2,13 (2). 4,5. 12,20. 16,20. 36,22. 50,7. 81,5. 82,16]. Ni 507,16 [13,15]. Nk 368,16. 369,16. 376,23 [4,21. 6,7. 15,12]. NpNpw 3,6. 4,4. 5,7. 9,Diaps. 2 (= Npw 9,24). 10 (= Npw 9,34). 17,46. 19,6. 20,5. 22,2. 24,18. Cant. Ez. 17. Np 17,18. 39. Fides 2 (2). Npw 12,1. 3. Ns 620,20 [306,15]. W 2,6. 5,3. 9,7. 10,5. 13,14. 19,5. 25,4. 31,5. 32,7. 33,10. 34,3. 38,9. 48,18. 39. 50,8. 52,8. 35. 59,12. 13. 14. 62,14 (2). 68,7. 70,9. 72,5. 6. 7. 73,5 (2) [45,20. 47,8. 49,18. 51,7. 55,1. 59,20. 63,23. 69,6. 26. 71,20. 29. 75,33. 89,12. 91,26. 93,31. 99,8. 101,31. 119,2. 3. 5. 123,9. 10. 131,16. 137,28. 141,13. 15. 18. 143,3 (2)]; – *Glossen nur mit* mit-*Fügung:* mit sceltun [*sicut enim angelus dei, sic est dominus meus rex, ut nec benedictione, nec*] *maledictione* [*moveatur, 2. Reg. 14,17*] Gl 1,419,33 (*5 Hss. ohne* mit). mit zistoridu [*quod si non audierint, evellam gentem illam*] *evulsione* [*et perditione, Jer. 12,17*] 629,18 (*5 Hss. ohne* mit, *1 Hs. nur* zistôrunga). mit vntargrapiani [*murus Babylonis ille latissimus*] *suffossione* [*suffodietur, ebda. 51,58*] 635,20 (*2 Hss. ohne* mit, *2 nur* irgrabunga). mit dero chleini [*elementa omnia ... quae magis prudentia*] *solertis* (*Hss. u. Laa. sollertia prudentis*) [*viri, quam prophetali essent spiritu perpetrata, Dan., Praef.*] 658,1 (*zum Lat. vgl.* Davids, Bibelgl. S. 311 *u.* 49; *4 Hss. nur* kleinî, *1 Hs.* kleinlistîga). mit ziteilti [*in die illa ponam Ierusalem lapidem oneris cunctis populis: omnes, qui levabunt eam,*] *concisione* [*lacerabuntur, Zach. 12,3*] 686,70 (*6 Hss. ohne* mit). mit virvuazani [*ne forte veniam, et percutiam terram*] *anathemate* [*Mal. 4,6*] 688,41 (*7 Hss. ohne* mit). mit gebaridvn [*quidquid bene facta merentur,*] *officiis* [*voluere loqui, Ar. I,816*] 2,29,24. 772,20. Tiefenbach, Aratorgl. S. 21,16. mit liuthazzigiro mesbruchidu [*Constantius ... ecclesiam dei*] *tyrannica usurpatione* [*turbavit, Arg. Sard. conc. S. 956*] Gl 2,92,62. mit fursumido [*ne plebem tibi creditam*] *dissimulatione* [*deperdas, Decr. Inn. XLIX p. 207*] 127,20. mit uuorton [*iniuncta nobis sunt a sede apostolica aliqua per scripturam, aliqua etiam*] *in mandatis* [*, cum vestra beatitudine tractanda, Conc. Carth. Praef. p. 142*] 138,51. 139,50. mit deru ahtungu [*hoc agatur*] *cum tractatu* [*, et consilio metropo-*

litani, Conc. Ant. XXCIX p. 126] 146,67. mit demo ernusta [*dum (anima) studiorum sublimium*] *vigore* [*non constringitur, Greg., Cura 3,15 p. 55*] 170,11. mit gelasuhti (*1 Hs. noch* ł propter duritiam .i. misalsuhti) [*quatuor monachi ...*] *elephantino morbo* [*percussi sunt, wohl zu ders., Dial. 3,15 p. 309*] 258,1 (*1 Hs.* misalsuhti ł propter duritiam .i. misalsuhti). mit vzsuhti [*patrem Publii*] *dyssenteria* [*febribusque vexatum, orando sanavit, ders., Hom. I,4 p. 1449*] 272,43 (*3 Hss. ohne* mit, *1 Hs.* in). mit emitzigen [*suffocant enim (verbum), quia*] *importunis* [*cogitationibus suis guttur mentis strangulant, ebda. 15 p. 1490*] 287,60 (*1 Hs. ohne* mit). mit meisterlichemo [*solus homo emeruit domini formabile dextra os capere et*] *fabro* (*Glossen: fabrili, magisteriali, vgl. PL 59*) [*deitatis figmine nasci, Prud., Apoth. 1034*] 396,60. mit samantuuisti [*caput inserit ille trilingue coniugis in fauces atque oscula fervidus intrat, insinuans oris*] *coitu* [*genitale venenum, ders., Ham. 589*] 406,29. mit chreftiero [*qui corpus istud molle naturaliter captumque laxo sub voluptatum iugo virtutis*] *arta* [*lege fecit liberum, ders., H. ieun. (VII) 183*] 421,61. mit honchustigero [*quid tibi, profane serpens, profuit, rebus novis plasma primum perculisse*] *versipelli* (*Glosse: callido, vgl. PL 59*) [*hortamine? ders., H. o. horae (IX) 92*] 423,52. mit zalo [*si me movere rebus ullis niteris,*] *ratione* [*mecum, non furore, dimica* [*ders., P. Rom. (X) 175*] 492,13. mit slegin [*ventosque lacessit*] *ictibus* [*Verg., G. III,234*] 638,34. mit sceltun [*is primam ante aciem digna atque indigna*] *relatu* [*vociferans ... ibat, ders., A. IX,595*] 665,52. mit iro namon [*appellavitque Adam*] *nominibus suis* [*cuncta animantia, Comm. in Gen. = Gen. 2,20*] Thoma, Glossen S. 1,18.

5) *temporal:*

a) *komitativ-temporal:*

α) *zur Bez., daß die Handlung einer Größe gemeinsam/zugleich mit der Handlung der mit* mit *verbundenen Größe geschieht:* (*zusammen/zugleich*) *mit:* huuanta siu (*caritas*) eouuiht ira eiganes ni archennit nibu daz eina daz mit iru durahuueret *cum nihil sibi esse proprium, nisi quod secum permanet, agnoscit* F 30,4. (*der König*) fuluuonon sal mit sunnun *permanebit cum sole* Pw 71,5. taz teta si (*Maia*) in Maio mense . so io Mercurius mit tero sunnun darachumet *cum* (*Maia*) *salutaret eum* (*Merkur*) *annua zodiactea peragratione in Pliadum numero* [*vgl. Mercurius ... cum sole Taurum ingressus et ad eam partem Tauri veniens, Rem.*] Nc 695,12 [9,22]. nah tien chamen zuene bruodera ... Der eino cham mit tages sternen . anderer mit nahtsternen *alius lucis sidere . noctis alius refulgebat* 758,17. 18 [74,9. 10]. do zegieng dero ubelon geuuaht . mit demo scalle contradictionis (uuiderspracho) *periit memoria eorum cum sonitu* NpNpw 9,7 (= Npw 8). neferlius mih mit ubelen . unde mit manslekkon *ne perdas cum impiis animam meam et cum viris sanguinum vitam meam* 25,9; *ferner:* Nb 39,7. 9 [31,27. 28];

β) *zur Bez., daß der mit* mit *verbundenen Größe etw. gemeinsam/zugleich mit einer anderen Größe widerfährt:* (*zusammen/zugleich*) *mit:* giho uasto mit ungisceidener ebenselbgliche die uile heiligun trinemmede S 135,24. that he (*Jesus Christus*) in then cruce gestarf, mitter mennisgid, niuwet mitter godhit 362,11. ni uuard noh in sinemo nemin gataufte ni birut. Bidiu nalles in mir nibu mit mir *numquid ... in nomine Pauli baptizati estis? Non ergo in me sed mecum* F 40,9. tho thaz gihorta Herodes ther cuning, uuard gitruobit inti al Hierusalem mit imo *audiens autem Herodes rex turbatus est et omnis Hierusolima cum illo* T 8,2. gihalatero menigi mit sinen iungoron quad (*Jesus*) in *convocata turba cum discipulis suis dixit eis* 90,5. tho uuarun erhangan mit imo zuene thioba *tunc crucifixerunt cum eo duos latrones* 205,1. mit in si ouh mir gimeini thiu ewiniga heili Oh 166. (*die Feinde*) mit rehtlicon ne uuerthon gescriuona *cum iustis non scribantur* Pw 68,29. nah tien uuard tarain geeiscot . ter goldfareuuo Sol . mit sinero uuizun suester Luna *post hos . candida cum sorore Sol auratus expetitur* Nc 747,23 [63,3]. mit unscadelemo unscadeler *cum viro innocente innocens eris* NpNpw 17,27 (= Npw 26). peccatores tiligot iz mit iro uuerchen *devorabitque terram cum germine suo* Cant. Deut. 22; *ferner:* T 202,1. 211,2 (*beide cum*). O 4,27,6. Pw 72,5 (*cum*). NpNpw 17,24. 26. 27 (2; *alle cum*); *Glosse:* mit kilenkida iro [*qui cum baptizati fuissent cum universa parentela, et*] *affinitate sua* [, *et familiis suis fregerunt omnia simulacra, Vita Joh. p. 621*] Gl 2,746,25;

b) *rein temporal: während, bei, mit:* mit einem atemen [*vgl. hoc (stadium) primum Herculem statuisse dicunt, eumque eo spatio determinasse quod ipse*] *uno spiritu* [*confecisset, Hbr. I,233,477*] Gl 3,407,37 [HD 2,27]. daz mit leohte sin alliu *ut cum luce fiant omnia* S 247,31;

c) *temporal-modal: bei, unter, während, mit:* sih nahtun sie tho alle zi themo kastelle, thara zen iro selidon mit thesen selben redinon O 5,10,2. kebe man sie mit heilesode zesamine . daz ist kezame *iungantur paribus nam decet auspiciis* Nc 766,29 [83,12]; *Glossen:* mit puzza [*accepta*] *satisfactione* [*a Iasone, et a ceteris, dimiserunt eos, Acta 17,9*] Gl 1,747,39 (*5 Hss.* intsegida). mit uuelemo [*caput enim ericii cernitur: quia*] *quo* [*initio ad culpam peccator accesserit videtur, Greg., Cura 3,11 p. 48*] 2,239,7;

d) *temporal-instrumental: an, durch:* daz mit euuigemo tage ... disiu leida uuerltfinstri ... zestoret uuerde Np 11,1;

e) *temporal-kausal: angesichts:* then ewinigan dag, then man irzellen ni mag; gisteit thir thar al redinon mit ewinigen frewidon O 5,23,190.

6) *final: mit, zu, zum Zwecke:* der er ie ziuueni unte ziuueni fure sante mit sinera predige in iegiliche burch unte stat S 168,3 (*vgl. binos in praedicationem discipulos mittit, binos ad praedicandum discipulos dominus mittit, Greg., Hom. I,17*). mit erui geuuinnon sulun sia *hereditate adquirent eam* (*Juda*) Pw 68,36; – *Glossen:* mit ungareisni [*qui vero suam cogitans utilitatem, proximorum negligit, quasi unius pedis calceamentum*] *cum dedecore* [*amittit, Greg., Cura 1,5 p. 7*] Gl 2,220,31, *z. gl. St.* mit honido Mayer, Glossen S. 5,10 (*PL 77,19C*). mit deru zuhti [*deus enim fecit Adam, et dedit ei adiutorem Hevam*] *cum procreationis* [*subsecuta sententia, Is., De off. 2,20 p. 809B*] Gl 2,347,9. mit spehungun [*locum*] *insidiis* [*conspeximus ipsi, Verg., A. IX,237*] 664,57.

7) *kausal:*

a) *instrumental-kausal: zur Bez., daß sich vermittels und/oder auf Grund einer Eigenschaft, eines Zustands, einer Beschaffenheit, einer Handlung oder etwas Abstrakten eine Handlung vollzieht, ein Subjekt etwas erleidet oder eine bestimmte Gegebenheit besteht: durch, mit, wegen, aufgrund von:* mit vnvrouvidu (*1 Hs.* unurouui) irvuerana (*2 Hss.* irwordin, *1 Hs.* beuangen) [(*der Herr*) *posuit me (Jerusalem) desolatam, tota die*] *moerore confectam* (*7 Hss. -a*) [*Thren. 1,13*] Gl 1,638,6. mit ten scahon (*oder* kahon) pisan*r*it [*beatus igitur vir humani generis lapsus aspiciat, et quibus*] *praecipitiis mersum sit* [*in foveam iniquitatis* *intendat, Greg., Mor. in Job 4,27, PL 75,662C*] Mayer, Glossen S. 76,15 (*vgl.* Glaser, Griffelgl. S. 230,181. 231,182). mit manecfalti upersteic [*denique ipsum illum apostolum Paulum, qui omnium sanctorum laborem passionum*] *numerositate transcenderat* [*Cassian, Coll. 23,5, PL 49,1251C*] 101,16. ni flaz unsic … den tiuual so fram gachoron … uzzan soso uuir mit dinera anst enti mit dinem ganadon ubaruuehan mekin S 45,68 (*1. Stelle Hs. A* = 71 *Hs. B*). den man … den dir diuual nieht bidregen nemag, uuane ub er sih selbo gihefte mit uuine unde mit hȯre unde mit allen dien beuuollennussedon 130,101. daz die iuden niheina antsegida nihabiten. mit dera si sih uona imo chertin *ne daretur occasio Iudaeis calumniandi* S 173/174 (*vgl.* ZfdA. 135,169,69). antlaz aller iwer sunden … ruoch iu ze verlihen mit den gnaden des heiligen geistis unser herre *indulgentiam et remissionem omnium peccatorum vestrorum … per gratiam sancti spiritus tribuere dignetur vobis … dominus* 360,124. mit unuuerdnissu gotes chiunhreinida dhazs undarquhedene chibot *contempta divinitate interdictum violavit praeceptum* I 29,3. ni bismerot huuanta doh siu (*caritas*) mit arbeitim sii gauuntot zi nohenigeru rahhu sih ni gahrorit *non inritatur, quia et iniuriis lacessita ad nullius se ultionis suae motus excitat* F 30,5. mit thineru (*Gottes*) giwelti sie (*die Völker*) dati al sprechenti O 1,2,35. sus mit unredinu so wurtun siu bidrogenu 22,17. sie werdent etheswanne mit seti es filu folle [*vgl. saturabuntur, Matth. 5,6*] 2,16,15. thaz er mit sinen mahtin was thes dages druhtin 3,5,10. so siz ouh uns allen mit Kristes selbes willen 26,70. bi thiu simes io zi gote funs mit then minnon untar uns 5,12,77. wir mit ginadon thinen thesa arabeit bimiden 23,14. 82. 98. 108. 118. 148. 160, *ähnl.* 1,28,8. 2,21,40. ward wola sie mit libe 5,23,280. oba iz ward iowanne in not zi fehtanne, so was er (*König Ludwig*) … mit gotes kreftin oboro Ol 22. dale thion sulun mit fruhti *valles abundabunt frumento* Pw 64,14. der (*Basilius*) uuart anabraht . daz er mih leidota . mit tero note des scazzes . tes er sculdig uuas (*Basilius*) *compulsus est in delationem nostri nominis . necessitate alieni aeris* Nb 28,9 [23,6]. tes uuirdo ih kemanot mit tinero ahto . unde mit tinemo choste . taz ih andermo so uuola negetruee *cura atque arbitrio monemur isto . i. tuo* Nc 718,13 (2) [35,6 (2)]. uuanta bezzer sint dine spunne demo uuine, sie stinchente mit den bezzesten salbon *quia meliora sunt ubera tua vino, fragrantia unguentis optimis* [*Cant. 1,2*] W 2,2 [45,11]; *ferner:* O 1,3,18. 3,18,2. 20,175. 4,7,34. 25,8. 29,6. 37,16. 5,7,37. 25,19. 20. Os 35. Nb 15,17. 29,18. 31,4. 39,25 [12,25. 24,8. 25,11. 32,10]. Nc 749,29 [65,7]. W 25,5. 58,13. 14. 62,16. 69,32 (2). 34 (2). 70,6. 74,8. 9 [63,25. 115,24. 25. 123,13. 137,4. 6. 8. 9. 23. 143,32. 34]; – *Glossen nur mit* mit-*Fügung:* mid ersuogingo endi mit costungo *experimento* [*didici, quia benedixerit mihi deus propter te, Gen. 30,27*] Gl 1,319,4. mit lastiri sculdil [*si autem seditiones commovent ibidem constitutis episcopis, presbyterii quoque honor talibus auferatur, fiantque*] *damnatione notabiles* [*Conc. Anc. XXXVII p. 121*] 2,109,62. mit dero růmiseli [*albuginem vero habet in oculo, qui veritatis lucem videre non sinitur; quia*] *arrogantia* [*sapientiae seu iustitiae caecatur, Greg., Cura 1,11 p. 12*] 163,45. mit unstatigi [*istis* (*den Wankelmütigen*) *vero intimandum est, quod valde se despicientes negligunt, et ideo*] *levitate* [*cogitationum a suo iudicio per temporum momenta flectuntur, ebda. 3,18 p. 60*] 171,27. mit giruomido [*cogitata nequitia quanto citius solvitur, quia*] *effectu* [*operis destrictius non ligatur, ebda. 3,29 p. 86*] 175,8. mit arbeite [*paupercula*] *tempestate* [*convulsa, ebda. 3,2 p. 36* = *Is. 54,11*] 204,13. 216,23. mit dero emizigi [*necesse est, ut vox cordis nostri quo durius repellitur, eo valentius insistat: quatenus cogitationis illicitae tumultum superet, atque ad pias aures domini*] *nimietate* [*suae importunitatis erumpat, ders., Hom. I,2 p. 1442*] 269,3 (*3 Hss. nur* emizzi̊gî). mit bimentu [(*videas …*) *illum*] *pigmentis* [*redolentibus et peregrino pulvere femineas spargentem turpiter auras, Prud., Ham. 296*] 397,22. mit diozzantan [*ieiuna eremi saxa*] *loquacibus* [*exundant scatebris, ders., H. ad inc. luc.* (*V*) *89*] 401,30. mit kipimuntotemo [*ut bibat inlecebras male conciliata voluptas, quas*] *pigmentato* [*meretrix iacit inproba crine? ders., Ham. 315*] 406,4. mit senvo [*non ales arundo*] *nervo* [*pulsa fugit, ders., Psych. 324*] 411,18. mit lazze [*nec stridula lancea torto emicat*] *amento* [*ebda. 325*] 21. mit karauui [*fit virtus specie*] *vultu* (*Hs., Laa. cultu*) [*-que et voce severa: quam memorant frugi, ebda. 553*] 72. mit anauuani [*novimus … sensus … variato pugnarum eventu, nunc*] *indole* [*crescere dextra, ebda. 895*] 412,37. mit dero missavaruun sleffiri [*ridetque … rerum quod*] *atro turbine* [*vivitur, ders., P. Agn.* (*XIV*) *98*] 443,1. mit giburtlichin [*fit caro vivida sermo patris, numine quam rutilante gravis non thalamo … nec*] *genialibus* [*inlecebris intemerata puella parit, ders., H. a. cib.* (*III*) *144*] 535,2. 538,43. mit unfrouuen bodeskefin [*Abram*] *sinistris* (*Glosse: contrariis, vgl. PL 60*) [*excitatus*] *nuntiis* [*audit propinquum sorte captum bellica servire duris barbarorum vinculis, ders., Psych. Praef. 19*] 567,41. 591,31. mit gifuogidun [*sic fatus validis ingentem viribus hastam in latus inque feri curvam*] *compagibus* [*alvom contorsit, Verg., A. II,51*] 648,31. mit ruozza [*hic focus et taedae pingues, hic plurimus ignis semper et adsidua postes*] *fuligine* [*nigri, ders., E. VII,50*] 720,29. geuuisso mit iuuere gebo *vestro si munere* [*tellus Chaoniam pingui glandem mutavit arista, ders., G. I,7*] 721,57. mit tero crafti [*ecce stratus foris vulneribus carnis, erectus intrinsecus*] *munimine* [(*Hiob*) *permanet mentis, Greg., Mor. in Job 3,10, PL 75,608C*] Mayer, Glossen S. 74,18 (*vgl.* Glaser, Griffelgl. S. 133,38; *zur Bed. vgl. ebda.*). mit teru *f.* .annissu [*nonnunquam tamen*] *cum per torporem* [*inertia fidelium corda considerant, erroris semina spargere loquendo non cessant, ebda. 27, PL 75,625B*] 75,4 (*vgl.* Glaser, Griffelgl. S. 165,82). mit kauualti [*ut tentationum iacula intorquendo confodiat cor, quod dudum quieto*] *iure* [*possidebat, ebda. 4,23, PL 75,657C*] 76,9. mit teru kauualtidu [*alius irae se*] *dominio* [*stravit, ebda. 30, PL 75,667B*] 24 (*vgl.* Glaser, Griffelgl. S. 241,196). mit teru kauualtidu [*alius*] *iuri* (*Hs. iure*) [*se avaritiae tradidit, ebda.*] 25 (*vgl.* Glaser, Griffelgl. S. 242,198);

b) *rein kausal:*

α) *bei Verben und verbalen Gefügen der Gemütsbewegung und Gemütsregung* (*vgl. auch* III 1e)*: über, mit, wegen, auf Grund von:* edo mit forohtun casciuhito *aut metu perterritus* Gl 1,92,13. after thiu mit riuuu giruorit fuor thara *postea autem paenitentia motus abiit* T 123,4. mit michilemo nide so wurtun sie umblide O 3,18,26; *ferner:* 5,6,37; *Glosse nur mit* mit-*Fügung:* mit sitin anagiuuahstim [*nonnulli … laeti vel tristes non rebus fiunt, sed*] *conspersionibus* [*existunt, Greg., Cura 3,3 p. 37*] Gl 2,217,21 (*vgl.* Script. 2,60);

β) *bei Verben und verbalen Gefügen des Leidens, Ermattens, Erkrankens, Verderbens, Verdorbenseins, Verlorengehens, Zugrundegehens, Sterbens, bei Abstrakta und Vorgängen: aufgrund, durch, wegen:* mit den geburtlichen sunden … iruallene unt geuazzet *originalibus tantummodo peccatis*

… *obruti* S 342,9. thaz sie … noh mit themo meine ni werden zi az eine O 2,17,4. thaz siu (*die Süße der Laster*) mit themo werke al untar uns irwelke 3,7,67. warun wir firhuarot mit abgoton [*vgl. fuerunt … idolatriis et passionibus immundi, Hrab. zu Matth. 21*] 4,5,17. uuanda er selbo ferloren ist . mit dien sundon [*vgl. ipse periet propter peccatum suum, Aug., En.*] NpNpw 9,Diaps. 15 (= Npw 9,40); *ferner:* O 2,17,3. 3,26,16; *Glossen:* mit aruuortini [*saepe ergo mansueti dissolutionis torpescunt*] *taedio* [*Greg., Cura 3,16 p. 57*] Gl 2,170,39. mit cunde [(*cives urbis*) *invenerunt corpus pueri … humati, utpote iam die quadragesimo,*] *tabe* [*corruptum, ders., Dial. 3,13 p. 301*] 255,71;

γ) *bei weiteren Verben: aufgrund von, wegen, aus, um … willen:* sih selbon thuruh not mit sunton firdamnot O 3,13,34. mit missidatin managen bigan uns iz harto gaganen 4,5,18. thaz sie nan thoh mit luginon mohtin thar biredinon [*vgl. quaerebant falsum testimonium, Marg. nach Matth. 26,59*] 19,25. thaz sie nan in ther faru bizelitin mit waru 28 (*oder zu* C I 1i (*?*), *vgl. Erdm. S. 451 z. St.*). mit minnu joh mit willen ni moht er (*Petrus*) mo gistillen 5,13,26. thu weist druhtin … min, thaz ih minna haben thin, joh thu mir bist mit minnon fora allen woroltmannon 15,6 (*PV* in). si (*Philologia*) neuuerde mit tes hertuomis rate undodig ketan *nisi super senatus consulto mortalis esse desineret* Nc 733,21 [50,5a]; *ferner:* O 5,14,11. 20,97 Oh 149; *Glossen:* mit fizesheite [*qui totum iam deprehendendo viderat,*] *tergiversatione* [*pravae defensionis illusus totum pariter ignorat, Greg., Cura 3,11 p. 48*] Gl 2,239,9, *z. gl. St.* mit demo tuma Beitr. (Halle) 85,116,195 = Lehmann, Studien N. F. S. 50 (*ebda. = PL 77,65C*). mit puozo [*qui cuncti* (*die Gefangenen*) … *pro venerandi viri Paulini*] *satisfactione* [… *laxati sunt, ders., Dial. 3,1 p. 281*] Gl 2,255,22. mit auaron [*non pudet o miseri plebeio milite claros attemptare duces, ferroque lacessere gentem insignem*] *titulis* [*Prud., Psych. 208*] 411,1. mit unginaithu [*ob*] *immanitatem* [*tanti facinoris, Halitg., De vitiis 4,16 p. 683D*] Mayer, Griffelgl. S. 68,267a.

8) *konditional: bei:* daz iu der heilige gotis lichename werden muozze ane iwern iungisten ziten mit rechtem gelȯben S 346,12 *mit* Anm. 6. pe diu neuuolta er (*Merkur*) sia (*Sophia*) mit iro (*Minervas*) ungemuote nemen *eam in Palladis iniuriam non placuit coaptari* Nc 696,20 [11,7].

III. mit *in Präpositionalverbindungen als Ergänzung bei Verben, Substantiven und Adjektiven* (*mit einigen Übergängen aus* II)*:*

1) *als präpos. Obj. als Ergänzung bei Verben:*

a) *mit teils lokalem, teils komitativem Einschlag:*

α) *bei* uuesan *in der Bed.* (*an einer best. Stelle*) *zusammen/in Gemeinschaft mit jmdm. oder bei jmdm. leben, existieren, bleiben, wohnen,* (*zu finden*) *sein, sich aufhalten: mit, bei: mit persönl. Subj., insbesondere wenn Gott das Subj. ist, z. T. mit dem finalen Nebensinn 'jmdm. helfen, zur Seite stehen':* uuirbit. ist dar mit imo [*duodecim fratres … sumus … minimus cum patre*] *versatur* [*in terra Chanaan, Comm. in Gen. = Gen. 42,32*] Thoma, Glossen S. 21,26. far ih uf ze himile, dar pistu mit herie *si ascendero in caelum, tu illic es* S 105,13. cuning euuigo truhtin … ther pist fora ueeralti simblum mit fatere sun *rex aeterne domine … qui es ante secula semper cum patre filius* H 24,1,4, *ähnl.* 16,3 (*cum*). dea mit imo uuarun *qui cum eo erant* F 4,7. 9 (*cum*). T 19,8 (*cum*). 60,6 (*cum*). 68,3 (2; *cum*). 133,4 (*cum*). 223,4 (*cum*). thie mit mir nist, ther ist uuidar mir *qui non est mecum, contra me est* 62,7. nioman mag thisu zeihhan tuon thiu thu tuos, nibi got si mit imo *nemo potest haec signa facere quae tu facis, nisi fuerit deus cum eo* 119,1. fater, thie du mir gabi, ih uuilla thaz dar ih bin thaz sie sin mit mir *pater, quos dedisti mihi, volo ut ubi ego sum et illi sint mecum* 179,3. fundun gisamanote thie einliui inti thie thie dar mit in uuarun *invenerunt congregatos undecim et eos qui cum ipsis erant* 229,2. after ahto tagon abur uuarun sine iungoron inne, inti Thomas mit in *post dies octo iterum erant discipuli eius intus, et Thomas cum eis* 233,4. laz mih … mit druton thinen iamer sin O 1,2,40. was siu (*Maria*) after thiu mit iru (*Elisabeth*) sar thri manodo thar [*vgl. mansit cum ea, Marg. nach Luc. 1,56*] 7,23. so was er (*Christus*) … mit imo (*Gott*) sar [*vgl. hoc erat in principio apud deum, Marg. nach Joh. 1,1*] 2,1,15, *z. gl. St.* 19. 23. 27. 31. thiu (*die Frauen*) mit imo (*Jesus*) warun [*vgl. quae secutae eum erant a Galilaea, Luc. 23,49*] 4,34,26. wis mit uns [*vgl. mane nobiscum, Marg. nach Luc. 24,29*] 5,10,6. ih bin iamer mit iu [*vgl. ego vobiscum, Marg. nach Matth. 28,20*] 16,45, *z. gl. St.* F 25,17. T 242,3. uuanda under managon he (*Gott*) uuas mit mi *quoniam inter multos erat mecum* Pw 54,19. Uirtus tiu odeuuano mit imo do uuas *Virtus . s. dea . ut adhaerebat forte Cyllenio* Nc 700,16 [15,7]. Christus ist der berg . den uuanent sie mit in uuesen [*vgl. mentientes ibi esse Christum, Cass.*] NpNpw 10,2. fremede got neuuas mit imo *non erat cum eo deus alienus* Cant. Deut. 12, *z. gl. St.* S 303,18. der mit gote ist, des uueg ist umbeuuollen *deus meus, inpolluta via eius* Npw 17,31 (Np mîn got); *ferner:* S 124,9. F 23,6. 11 (*beide cum*). T 21,4 (*tecum*). 22,5 (*cum*). 40,2 (*mecum*). 53,13. 56,6 (*beide cum*). 60,14 (*secum*). 78,3. 92,3 (*beide apud*). 97,8 (*mecum*). 127,2 (*apud*). 129,3 (*vobiscum*). 131,11 (*mecum*). 135,19 (*cum*). 160,5. 163,2 (*beide vobiscum*). 171,2 (*mecum*). 172,1 (*vobiscum*). 176,3 (*mecum*). 178,4 (*cum*). 188,1 (*cum*). 4 (*cum*). 205,7 (*mecum*). 231,3 (*vobiscum*). 233,1 (*cum*). O 1,15,39. 17,60. 22,11. 12. 2,14,113. 3,8,46. 23,52. 4,13,4. 15,31 (*vobiscum*). 5,11,46. 14,16. 16,36. Oh 82. Ol 94; *mit Ersparung des Verbs:* truhtin mit thir *dominus tecum* T 3,2. giheizzent sinan namon Emmanuel, thaz ist arrekit: mit uns got *vocabunt nomen eius Emmanuel, quod est interpretatum: nobiscum deus* 5,9. ik io mit thi (*Gott*) *ego semper tecum* Pw 72,23; *hierher auch* (*?*)*:* arstorbaner uuas gitragan, einag sun sinero muoter, inti thiu uuas uuituuua, inti menigi theru burgi mihhil mit ir *defunctus efferebatur, filius unicus matris suae, et haec vidua erat, et turba civitatis multa cum illa* T 49,2; *ergänzt durch* saman*:* bist hiutu thu zi ware mit mir saman thare [*vgl. hodie mecum eris in paradiso, Marg. nach Luc. 23,43*] O 4,31,24; *bei, unter den Tieren leben:* uuas her (*Jesus*) tho mit uuildirun *eratque cum bestiis* T 15,6; – *mit sachl. Subj.:* presepia cęlestium scripturarum sint mit in . aber cęlestem intellectum nehabent sie an in [*vgl. apud Iudaeos sunt praesepia caelestium litterarum, Sg 27*] NpNpw Cant. Abac. 17; *ferner:* T 4,13 (*cum*); *Glosse: hant trohtines mit imu manus domini* [*erat*] *cum illo* [*Luc. 1,66*] Gl 1,729,24 (*vgl.* Voetz, Lukasgl. S. 187); – *mit abstr. Subj.:* anst cotes *uuas mit* imu *gratia dei erat in* (*cum*) *illo* (*Hs. eo*) [*Luc. 2,40*] Gl 1,736,9 (*vgl.* Voetz, Lukasgl. S. 242). thih … uuiho pittemes … ther pist mit fatere sun simblu*m* mit uuihemo atume *qui es cum patre filius semper cum sancto spiritu* H 24,16,4. ist mit iu giuuona thaz ih (*Pilatus*) iu einan forlazze in ostron *est consuetudo vobis ut unum dimittam vobis in* *pascha* T 199,3. iz was mit druhtine [*vgl. verbum erat apud deum, Marg. nach Joh. 1,1*] O 2,1,9, *z. gl. St.* T 1,1. theist al mit thinen mahtin O 3,17,56. mit dir fater ist min lob *apud te laus mea* NpNpw 21,26. wan caritas (minne) mit in ist Np 17,37 (*X = S.* V,7); *ferner:* T 1,2 (*apud*). O 1,5,44. 5,25,104. NpNpw 25,3. Cant. Annae 5; *Glossen nur mit* mit-*Fügung:* atum *uui*her mit imu *spiritus sanctus* [*erat*] (*cum ipso*) *in eo* [*Luc. 2,25*] Gl 1,733,60. mit im selben *penes ipsos* [*erit potestas, Conc. Anc. XXII p. 119*] 2,141,20;

β) *bei weiteren Verben in der Bed.* (*an einer best. Stelle*) *zusammen/in Gemeinschaft mit jmdm. oder bei jmdm. leben, existieren, bleiben, wohnen,* (*zu finden*) *sein, sich aufhalten: mit, bei:* bû(uu)an: ih (*Christus*) faru garawen iu sar fronisgo iu stat thar, ir ... mit mir thar (*im Himmelreich*) iamer buet [*vgl. accipiam vos ad me ipsum, ut, ubi sum ego, et vos sitis, Joh. 14,3*] O 4,15,12; – lebên: (*Anna*) lebata *mit comm*ane ira fona magahtheiti ira *vixerat cum viro suo annis septem a virginitate sua* [*Luc. 2,36*] Gl 1,735,32 (*vgl.* Voetz, Lukasgl. S. 236 f.), *z. gl. St.* T 7,9; – (thuruh)uuonên: so ih ... sculi irbieton ... allen den menniscon, mit ten (*zusammengeschr.*) ih wonan *hominibus cunctis, inter quos umquam conversari me contigerit* S 183,16. quamun sie tho ... inti uuonetun mit imo then tag *apud eum manserunt die illo* T 16,2. miltiu dero menigi, bidiu iu dri taga thuruhuuonent mit mir inti ni habent uuaz ezzen *misereor turbae, quia ecce triduo iam perseverant mecum et non habent quod manducent* 89,1. thar uuoneta her mit sinen iungiron *ibi morabatur cum discipulis suis* 135,32. uuone mit uns, uuanta iz abandet *mane nobiscum, quoniam advesperascit* 228,2. ubar allo worolti si diuri sin io wonanti ... mit engilon joh mannon O 5,25,96; *ferner:* T 4,9. 21,1 (*beide cum*). 164,2 (*vobiscum*). 164,3. 165,4 (*beide apud*); *ergänzt durch* samant*:* leo fona ueraltchiuualdidu, scaap fona smalero manno mezsse samant uuonent mit dhem sturirom in dheru Christes chirihhun *leo de seculi potestate, oves de populari ordine simul morantur* I 41,11; *ferner:* F 41,10;

γ) *bei Verben der Bed. sexuell verkehren mit:* uuesan: ni uuas mid iro (ne ualctimo sia) *nec ante nec postea ... eam cognoscebat ita ut cum ea esset* [*zu:* (*Ioseph*)] *non cognoscebat eam* [(*Maria*) *donec peperit filium suum primogenitum, Matth. 1,25*] Gl 1,709,13 (*1 Hs. nur* ni ualcta imo sia) = Wa 46,26. 4,286,26 = Wa 48,11. 5,12,7; *Glosse nur mit* mit-*Fügung:* mit snuri sinera [*qui dormierit*] *cum noverca sua* [*et revelaverit ignominiam patris sui, morte moriantur ambo: sanguis eorum sit super eos, Lev. 20,11*] 1,353,52;

δ) *bei einem Verb der Bed. anklagen bei:* ruogen: ni curet uuanen thaz ih ruoge iuuih mit temo fater *nolite putare quia ego accusaturus sim vos apud patrem* T 88,13;

ε) *bei Verben der Bed. mit sich/bei sich führen, tragen, haben, mit sich nehmen, zu sich holen:* bringan: ther brang mit imo ... salbun filu diura [*vgl. ferens mixturam myrrhae et aloes quasi libras centum, Joh. 19,39*] O 4,35,19. uuanda diser . ih meino Neptunus . prahta mit imo sina chenun Stigem *nam hic nudus . omnium nutricem deorumque hospitam secum ducit* Nc 757,6 [72,22]; – eigan: mit iu eigut ir ginuhto io armero wihto [*vgl. pauperes enim semper habetis vobiscum, Marg. nach Joh. 12,8*] O 4,2,33; – frummen: thaz kind (*sc. Jesus*) mit in frumitun O 1,22,6; – fuoren: noh ouh ni fuartin in thiu thing mit in niheinan pending [*vgl. ne quid tollerent in via, Marc. 6,8*] O 3,14,92; – habên: ir habet simbulun thurftigon mit iu *semper pauperes habetis vobiscum* T 138,5; – gihalôn: danne gengit (*der unreine Geist*) enti gahalot sibuni andre gheista mit imo *tunc vadit et adsumit septem alios spiritus secum* F 7,16, *z. gl. St.* T 57,8; *ferner:* 98,2 (*tecum*); – neman: deo unuuisun fimfi ... ni namun mit im olei *quinque fatuae ... non sumserunt oleum secum* F 20,4, *z. gl. St.* T 148,2. nim thin betti mit thir [*vgl. tolle lectum tuum, Marg. nach Joh. 5,8*] O 3,4,27; *ferner:* F 20,3. O 3,14,89. 4,24,11; – tragan: druagun se iro salbun mit in [*vgl. portantes ..., aromata, Luc. 24,1*] O 5,4,13;

ζ) *bei Verben der Bed. verhandeln, eine Abmachung treffen, übereinkommen, handeln, beraten, verfahren, sprechen, zu schaffen haben mit:* ahtôn: Judas iz ouh sitota, mit in iz ahtota [*vgl. locutus est cum principibus sacerdotum et magistratibus, Luc. 22,4*] O 4,8,17. nu ist zeahtonne mit iu goten *censendum ergo o superi* Nc 766,24 [83,8]; *ferner:* 763,27 [80,3]; – thingôn: wio thaz herza bran in in (*den Emmausjüngern*), unz er (*Jesus Christus*) thingota mit in O 5,10,29; *ferner:* 1,17,42. 3,18,12; – faran: vuanda ih unschuldig pin uuider Saulem unde Absalonem . unde ih rehto mit in geuaren habo NpNpw 7,9; – frummen: neo za gafrummenne nist in ernust mit dem festeom *neque enim agendum est cum firmis* F 40,15; – râtan: mit gote iz allaz riatun O 1,1,54; – suohhen: buochera suochente mit in (*den Jüngern*) *scribas conquirentes cum illis* T 91,6; *ferner:* 224,2 (*secum*); – gituon: oh za gatuoanne ist mær mit dem untesteom *sed agendum est cum infirmis* F 40,16; – [h]uuerban: der (*error profana*) io uuirbet mit tero ueruluchenun manegi Nb 19,24 [16,2]; – uuesan: uuaz ist dir mit uns *quid nobis, et tibi* [*, Iesu fili dei? Venisti huc ante tempus torquere nos? Matth. 8,29*] Gl 1,711,31. 5,13,7; *hierher vielleicht auch:* kilaupo kiforosta prahta edho daz mit cote ist mah*ale symbolum optima collatio vel quodcunque pactu* (*die verderbte Stelle hat nach Wißmann, Abrog. S. 109 ursprünglich wohl gelautet:* kilaupo kiforosta prahta edho mahal daz mit cote ist) 1,248,11; – gizumften: gezumfdust dih mit mir [*nonne ex denario*] *convenisti mecum* [*? Matth. 20,13*] Gl 1,715,71 (*2 Hss. ohne* mit mir); – gizunftîgôn: eno ni gizunftigotastu thih mit mir fon themo phennige? *nonne convenisti mecum ex denario?* T 109,3; – *Glosse:* upi mit imo *si* [*ergo nihil*] *ei* [*pro indigentibus loquitur, pro talenti retentione damnatur, Greg., Hom. I,9, PL 76,1109B*] Ernst, Griffelgl. S. 179,30; – kôsôn: mit themo du kosotis S 89,10. vbe du frilichen gotes reht chosen uuellest mit den fursten dere uuerlte *errantibus huius mundi potentibus libere loqui decernimus?* 165,20. waz sine scalka in feste thar kosotun mit Kriste [*vgl. duo viri loquebantur cum illo, Luc., 9,30*] O 3,13,54; *ferner:* S 177,6[d],6. O 2,3,30. 5,9,10. 10,27; – redinôn: bigan druhtin eines redinon gisuaso mit then theganon O 3,12,1. furefieng er sus mit imo redondo Nc 714,11 [31,3]; – sprehhan: thaz bin ih, giloubi mir, ih hiar sprichu mit thir [*vgl. ego sum, qui loquor tecum, Marg. nach Joh. 4,26*] O 2,14,80, *z. gl. St.* T 87,6; *ferner:* 7 (*2; cum*). 91,2 (*cum*). 133,2 (*tecum*). 165,7 (*vobiscum*). O 3,20,178. 4,21,2. 5,4,3. 64. 10,34;

η) *bei Verben der Bed.* (*gemeinsam*) *haben mit:* eigan: huuanda dhea herostun mit dheru smelerun dheodu eigun dhar chimeine lerunga *quia principes cum subiectis plebibus communem habent doctrinam* I 41,19. tie selben namen gebent sie iro speciebus . i. subalternis generibus . mit tien siu gemeina diffinitionem habent Nk 371,4 [8,8]; *ferner:* 387,7 [27,19]; *ergänzt* *durch* samant*:* after dheru sineru gotnissa guotliihhin, dhea ir (*Christus*) samant hapta mit fater *post gloriam deitatis, quam habuit apud patrem* I 11,14 = F 35,9; – bisizzen: die vroude, die si (*Maria und alle Heiligen*) selbe besezzen habent mit allem himelischem herige S 360,100;

θ) *bei einem Verb der Bed. finanziell verkehren mit:* uuehslôn: thie thar uuolle mit thir uuehslon, ni uuidaro iz thanne *volenti mutuare a te ne avertaris* T 31,6;

ι) *bei einem Verb der Bed. spielen mit jmdm.:* spilôn: ist siu denne uuarhafto magit, so sprinet ez (*das Einhorn*) in iro parm unde spilit mit iro *salit in sinum virginis et complectitur eam* S 126,40;

κ) *bei einem Verb der Bed. sein Spiel treiben mit jmdm.:* spottôn: *uu*oron spottonte mit imo [*mittunt igitur Pharisaei discipulos suos, quasi minus notos atque suspectos cum Herodis militibus seu*] *illudentes* [*quod tributa Romanis solvebant, et non divino cultui dediti tantum erant, Beda in Matth. 22,15 p. 96D*] Gl 4,313,64 (*vgl.* Beitr. 73,227);

λ) *bei einem Verb der Bed. Unrecht handeln, sündigen an, mit, gegenüber:* suntôn: ich habe gisundot ... in huoris unreinide, mit mir selbemo, mit mannen ioh mit wiben S 147,10. 11 (2); *ferner:* 336,12 (2). 347,55. 56. 358,53 (2);

μ) *bei Verben der Bed.* (*mit Worten*) *streiten mit,* (*mit Waffen*) *kämpfen mit:* bâgan: daz sculi der Antichristo mit Eliase pagan S 68,38. themo uuolle mit thir in strite bagen inti thina tunichun neman, furlaz imo thaz lahhan *illi qui vult tecum iudicio contendere et tunicam tuam tollere, remitte et pallium* T 31,4; – fehtan: mit imo er mer ni fihtit O 5,4,50. unz er in des biten stuont . taz er imo ondi . mit Otachere zeuehtenne *si contra Odoagrum dimicaret* Nb 6,1 [5,24]; *ferner:* O 1,1,85; – flîzan: indi noh erpaldee einiic mit abbate sinemv frafallihho innana edo uzzaan *munis*tres flizzan *neque praesumat quisquam cum abbate suo proterve infra aut foras monasterio contendere* S 203,15; – uuinnan: thie mit diufele wunnun O 3,14,63;

ν) *bei einem Verb der Bed. teilen mit:* (gi)teilen: thaz gideilder (*Ludwig*) thanne sar mit Karlemanne S 85,7. thaz her teile mit mir erbi *ut dividat mecum hereditatem* T 105,1;

ξ) *bei einem Verb der Bed. sich versöhnen mit:* gisuonnen: far êr zi gisuonenne thih mit thinemo bruoder *vade prius reconciliari fratri tuo* T 27,1;

ο) *bei einem Verb der Bed. einen Wechsel vornehmen, vertauschen mit:* umbigân: anima est rationale, corpus est mortale: tiu sint zimber, mit dien gat er umbe. In hunc modum. Quid est homo? Animal rationale, mortale. Quid est animal rationale, mortale? Homo S 118,20 [K.-T. 7,314,9], *ähnl.* 119,24 [K.-T. 7,314,14]; – *Glosse:* mit zu*u*iuaruun [*ipse* (*der Reiche*) *coturnatus gemmis et fulgidus auro serica*] *bis coctis* [*mutabat tegmina blattis, Av., Poem. lib. 3,223*] Gl 2,5,22 = 770,24;

π) *bei einem Verb der Bed. zählen zu:* (bi)zellen: ih quidu iu, bithiu uuanta noh nu thaz dar giscriban ist gilimpfit gifullit uuerdan in mir, inti thaz dar mit unrehten bizelit ist *dico autem vobis, quoniam adhuc hoc quod scriptum est oportet impleri in me, et quod cum iniustis deputatus est* T 166,3. mit suntigon nan zaltun [*vgl. cum iniquis deputatus, Marg. nach Marc. 15,28*] O 4,27,5;

b) *mit modalem Einschlag: bei Verben der Bed. in einer bestimmten Art und Weise leben, existieren, bleiben, wohnen mit:* bû(uu)an: sie (*die Franken*) buent mit giziugon ... in guatemo lante O 1,1,65; *ferner:* 5,23,121; – bigên: ir sult pitten umbe alle die, die sich mit triuwen und mit warheit begent S 349,108; – lebên: thaz leben wir ... mit frewi Ol 80; – [h]uuerban: mit arabeitin werbent, thie heiminges tharbent O 1,18,27. sie uuerbent mit arbeiten . souuar sie uuerbent NpNpw 13,3; – uuesan: mit disem glouben schult ir leben, da mit sult ir sterben S 357,20. nu lazist thu mit fridu sin ... mit dagon joh ginuhtin thinan scalc [*vgl. nunc dimittis servum tuum ... in pace, Luc. 2,29*] O 1,15,15. 16. bi thiu ist mit meren sunton, ther mih gab thir zi hanton [*vgl. propterea, qui tradidit me tibi, maius peccatum habet, Joh. 19,11*] 4,23,43. mit muate warun thare [*vgl. fui in spiritu, Apoc. 1,10*] 5,23,238. thia mit rehtin sint hertin *qui recto sunt corde* Pw 72,1, *ähnl.* Npw 10,4 (Np *rectos corde*, Npgl die rehtherzen). daz io uuizze sulen sin mit kesprachi Nc 688,3 [2,20]. facundia nemag sin mit libidine . unde mit intemperantia coitus 700,21 [15,11. 12]; *ferner:* O 1,2,55. 2,1,8. 3,2,8. 4,15,58. 27,11. 5,20,46. 23,109. 110. Oh 21. 22;

c) *mit teils modalem, teils instrumentalem Einschlag: bei Verben des Herstellens: mit, aus, mit Hilfe von:* bilidôn: âne des Trianguli daz Deltoton heizet . taz mit undarlichen sternon gebildot ist Nc 750,27 [66,7]; scaffôn: giscaffota sia (*die Tunika*) ... mit filu kleinen fadamon O 4,29,32. Taurus ist under demo sibenstirne . unde sin houbet ist mit finf sternon so gescafot . taz man einen sihet an dero mulo Nc 750,13 [65,18]; – tuon: these meintun avur thaz mit steinon gidanaz O 4,19,36; – uueban: thie gotes drutthegana thaz sint thie sconun fadama, mit in ist ... thiu tunicha giwebinu O 4,29,14; – uuirken: woraht er ... ein horo ... mit sineru speichelu [*vgl. fecit lutum ex sputo, Marg. nach Joh. 9,6*] O 3,20,23; [– zimberen: so is that godes hus. that i*s* thiu himilika Hierusal*em* that is getimber*i*d . mid then leuindigon stenon *illa futura Ierusalem lapidibus vivis ... construenda* Wa 10,6 = 14,25]; – *Glosse:* mit antuuigum [*sicut turris David collum tuum, quae aedificata est cum*] *propugnaculis* [*Cant. 4,4*] Gl 1,552,28;

d) *mit instrumentalem Einschlag: bei Verben des Anfüllens, Anheftens, Bedeckens, Bemalens, Beschuhens, Beschlagens, Bildens, Eingrenzens, Fügens, Gürtens, Krönens, Schmückens, Umfassens, Umhüllens, Verbindens, Vermischens, Zusammenbringens mit:*

α) *die mit* mit *verbundene Größe ist etwas Gegenständliches:* bintan: intfiengun sie tho thes heilantes lichamon inti buntun inan mit sabonon mit biminzsalbun *acceperunt autem corpus Ihesu et ligaverunt eum linteis cum aromatibus* T 212,7; – blahmâlôn: uuahe goldketenon in lampreite uuis gebroihta machen uuir dir, in uuurme uuis geblahmalot mit silbere *murenulas aureas faciemus tibi, vermiculatas argento* [*Cant. 1,10*] W 18,4 [59,2]; – bluomôn: alde fone dinero muoter slahet tih ana . daz hus zebluomonne mit lenzisken bluomon *seu genitricis habes . comere florentia limina . vernificis sertis* Nc 690,26 [4,22]; – (bi)thecken: sehs fethdhahha (*der Seraphim*) uuarun eines, sehse andres; mit zuuem dhehhidon siin (*Gottes*) antlutti, endi mit zuuem dhecchidon sine fuozssi, endi mit zuuem flugun *sex alae uni et sex alae alteri. Duabus velabant faciem eius et duabus velabant pedes eius* I 20,6. 8. so thaz thaz skef uuard bithekit mit then undon *ita ut navicula operiretur fluctibus* T 52,2. thagtun sie imo (*Jesus*) ... then weg thar ... thie man mit iro wati O 4,4,30. unde bedahta er den nol mit einemo rotemo tuoche *contegitque ex posticis . i. ex posteriore parte caput . quodam velamine rutilante* Nc 740,30 [56,15]; *ferner:* 695,26. 703,19 [10,12. 18,21]; – thunkôn: mit chalche tunichos ł slihtes (ł slihtes *nur in 1 Hs.*) [*eriges ... lapides, et*] *calce levigabis* [*eos, Deut. 27,2*] Gl 1,370,51 (*6 Hss. ohne* mit); – bi-, firfâhan: mit skipun piuahan [*gaudent et durum*] *scutulis perfundere* [*corpus, Prud., Ham. 289*] Gl 2,405,71. mit iro roten houbettuoche diu ougen ferfahende *oculosque peplo quod rutilum circum caput gestabat obnubens* Nc 732,8 [48,20]; – (ir)fullen: fluot godis irfullit ist mit uuateron *flumen dei repletum est aquis* Pw 64,10. fullent sie miniv ougen . mit ernestlichen dranen *rigant ora ... veris . i. non fictis fletibus* Nb 7,12 [6,19]; *ferner:* Pw 62,6 (2); – gar(a)uuen: sum man uuas otag inti garauuita sih mit gotauuebbę inti mit lininimo *homo quidam erat dives et induebatur purpura et bysso* T 107,1. Minerua ... careta daz mageti mit iro smoochen . abagenomenero spenelun . unde mit iro purpurinen gurtele . fiure gelichemo . unde mit temo bendele iro uuihun . unde iro fruotun bruste *Tritonia ... strophio flammarum instar e coco . atque ipso sacri pectoris ac prudentis amiculo virginem ... contexit* Nc 697,29. 30. 698,1 [12,16. 17. 18]; – bigiozan: bigoz inan (*den Kreuzesbalken*) zi guate mit sines selbes bluate O 5,1,45; *ferner:* 3,24,48. NpNpw 6,7; – bigurten: mit dunichun bigurta sih *tonicam succinxit se* T 236,6; – (bi)hullen: si saz kehultiu mit iro uuizhullun *ipsa vero tecto capite . lacteo quodam calumnate praenitebat* Nc 742,13 [58,1]. unde mit plauuemo tuoche behulter . truog er (*Saturn*) an dero zeseuuun einen fiurenten dracchen *glauco quoque . i. viridi amictu tectus* 746,10 [61,17]; – biklenan: er (*Jesus*) ouh mit horowe iz (*das Auge*) biklan O 3,20,157; – zisamaneknuphen: ratio animę . daz ist tiu uuitta mit tero crines uirtutum zesamine gechnupfet uuerdent Nc 697,24 [12,12]; *ferner:* 751,21 [67,4]; – korônôn: samoso mit skilte guotes uuillen habest du unsih truhten gecoronot *domine ut scuto bonae voluntatis tuae coronasti nos* Np 5,13 (Npw 15 geeret); – [h]ladan: ir ladet man mit lesti *oneratis homines oneribus* T 141,25. uuer daz kebe . daz ter herbest chome geladener . mit rifen beren *quis dedit ut fertilis autumnus gravidis . i. maturis uvis influat .i. habundet pleno anno?* Nb 15,8 [12,18]; – bi-, umbi-, untarleggen: ormiscos. ligamen ł circulvs colli. inde organa armizata .i. mit isarno pilegiten [*quia*] *falcatis* [*curribus abundabant, Jud. 1,19*] Gl 1,384,7. mit isarna pilegita vuagana [(*populum*) *circumegit super eos*] *ferrata carpenta* [*2. Reg. 12,31*] 418,63. mit uvafanun ł mit segansun pilegita (*1 Hs. nur* mit segasun pilegita ł vuaffanun, *1 nur* mit seginsin vmbegiten, *2 Hss. ohne* mit uvafanun ł) [*secum habentem peditum centum decem millia ..., currus*] *cum falcibus* [*trecentos, 2. Macc. 13,2*] 705,4. 5. mit isine bilekito (*vgl. Mlat. Wb. I,967 u. Duc. I,392*[c] *s. v. armigatus*) [*ohne Kontext*] 2,324,19. unter leget mih mit bluomon, umbe leget mih mit epfelon *fulcite me floribus, stipate me malis* [*Cant. 2,5*] W 31,1. 2 [67,31. 32]; – lecken: thisiu ... mit ira zaharin lacta *haec ... lacrimis rigavit* T 138,11; – mâlôn: odo ouh himil ... mit sterron gimalot O 2,1,14; – misken: gabun imo gimirrotan uuin trinkan mit gallun gimisgitan *dederunt ei vinum murratum bibere cum felle mixtum* T 202,3. buten imo hangentemo an demo chruce den ezih gimiscten mit dera gallen Npw Cant. Deut. 32 (Np *nur felle*). diu selba gnada ist gemisket mit uariis donis spiritus sancti W 2,5 [45,19]; *ferner:* T 102,1 (*cum*); – nezzen: biginnit thanne suizzen, mit zahirin sih nezen O 5,6,36; *ferner:* NpNpw 6,7; – umbinusken: riet si iro giien ze golde . unde ze allen uuibzierdon . unde mit tien al umbenusket uuerden *auro ac monilibus inhiare . membraque vinciri ... persuaserat* Nc 699,12 [14,5]; – salbôn: Maria uuas thiu da salbota trohtin mit salbun *Maria autem erat quae unxit dominum unguento* T 135,1; *ferner:* 138,12; – scuohen: Tellus skuohta in mit crasefareuuen scuhen *calceos autem herbosos fluctu . i. colore smaragdine viriditatis . vestigiis eius Tellus . s. dea annexuit* Nc 741,25 [57,10]; – bistellen: er ist ... bifillit, mit thornon ouh bistellit O 4,23,13; – bistrîhhan: si lerta sia mit salbe bestrichena . unde mit pluomon gezierta . in stangsuozi gehefenot . unde gemammentsamot uuerden *nam et unguentis oblitam . floribusque redimitam halatu pasci foverique docuit* Nc 699,6 [14,1]; – gitapharen: vuahsunga mit vuassin gitapffarit [*nec*] *germen sudibus* (*Glosse: spinis, vgl. PL 59*) *perarmat* [*carduus horrens, Prud., H. p. ieiun. (VIII) 43*] Gl 2,422,47; – tophôn: clasefareuue helina ... tiedir getopfote mit sternahten ougon *quos . s. amictus stellantibus oculis interstinctos* Nc 741,9 [56,21]; – toufen: daz ich ... mit ten reinen trahinen nu gitoufan muge die unreinesten mina giwizzide uon allen minen sundon S 148,11; – (gi)uuâten: giuuatitun inan (*Jesus*) mit gotouuebbineru tunihun *induunt eum tunicam purpuream* T 200,1. die iunkfrouuon, daz sint die sela, die der geiunget sint in dero toife umbe geuuatet mit ueste innocentiae W 4,3 [47,2]; *ferner:* S 342,13. T 64,5; – biuuellan: the is man thero bluodo the thar beuuollan vuirthid mid mennisscemo bluodo *vir ... sanguinum est qui humano cruore polluitur* Wa 8,4 = 14,8. die mit porcina (unsubri) beuuollen neuuaren NpNpw 16,15; – uuerren: mit wati si thar werita O 2,4,31; *ferner:* 22,26; – biuuintan: (Maria) biwant sinan ... mit lahonon [*vgl. pannis eum involvit, Luc. 2,7*] O 1,11,35, *z. gl. St.* T 5,13. mit lachanon biwuntan joh funon so gibuntan [*vgl. ligatus pedes et manus institis, Joh. 11,44*] O 3,24,102; *ferner:* T 6,2. O 4,35,32. 33. 34. 5,6,58; – bizetten: philosophi habeton ein bret fore in ... daz uuas pezetet mit clesinemo puluere Nb 24,11 [19,29]; – (gi)zieren, zierôn: taz er dia erda geziere mit pluomon *ut ornet terram floribus roseis* Nb 15,4 [12,14]. gezierta mit himelisken gebon (*Pysichen*) *caelestium collatione decoratam* Nc 700,10 [15,2]. die selbon doctores sint smidezieréda dero cristenheite, uuante sie gezierot sint mit auro sapientiae unte mit gemmis uirtutum W 17,6. 7 [57,27. 28]; *ferner:* Nb 42,9. 10 [34,10. 11]. Nc 699,7. 713,21 (2) [14,1. 30,10. 11]; – *bei einem lat. Verb:* die iro herza in demo gedinge geuestenont, die uuerdent mit rore gratiae caelestis dealbati W 69,9 [133,24]; – *Glossen ohne übers. Verb:* mit ouckimala [(*Iezabel*) *depinxit oculos suos*] *stibio* [*4. Reg. 9,30*] Gl 1,456,29. bleichun mit roderouaruuu hurste [*omnipotens genitor ...*] *pallida purpureo* [*pingis qui flore*] *virecta* [*Aldh., De virg. 4*] 2,21,49. mit muoson [*doctrinae*] *dapibus* [*referti, Greg., Cura 1,5 p. 6*] 199,40. mit ginagiltin scuochin [*vir dei,*] *clavatis* [*calceatus*] *caligis* [*... veniebat, ders., Dial. 1,4 p. 169*] 250,65 (*4 Hss. ohne* mit). mit uuola varauuero huti [*haec, quae modo pallida tabo color albidus inficit ora, tunc flore venustior omni sanguis*] *cute* [*tinget*] *amoena* [*Prud., H. ad exequ. def. (X) 100*] 424,40. mit unrennussidun fossatun (*1 Hs. nochmals* fossatun) [*istum libido fetida per scorta tractum publica luto et*] *cloacis* (*Glossen: lacubus, sordibus, vgl. PL 60*) [*inquinat, dum spurca mendicat stupra, ders., P. Laur (II) 247*] 433,20 vnta mit seila [*crura viri innectit laqueus nodoque tenaci adstringit plantas*] *cumque rudente* (*Glosse: fune novo, vgl. PL 60*) [*ligat, ders., P.*

Hipp. (*XI*) *104*] 437,44. mit seimfuorigan olun [*tu decem sanctos revehes et octo Caesaraugusta studiosa Christi verticem*] *flavis oleis* [*revincta pacis honore, ders., P. Caesaraug.* (*IV*) *55*] 441,51. mit giridinemo [*si forte vultum tristioris Herculis, liquore*] *crispo* [*massa finxit fusilis, ders., P. Rom.* (*X*) *284*] 450,17. mid vuassarv [*amictus hirtis bestiarum pellibus setisve tectus*] *hispida* [*et lanugine secessit, ders., H. ieiun.* (*VII*) *63*] 576,25 = Wa 90,15. mit uuassero ruuui *hispida* [*et*] *lanugine* [*ebda.*] 26 = Wa 90,10. mid driapanthemo [*plerique vestem linteam*] *stillante* [*tingunt sanguine, ders., P. Vinc.* (*V*) *342*] 585,7 = Wa 99,9. mit crintile [*intus se vasti Proteus tegit*] *obice* [*saxi, Verg., G. IV,422*] 645,13. mit pluomon [*regina ... intenditque locum*] *sertis* [*ders., A. IV,506*] 654,16. mit purpuruareiemogi *scuohe* [*virginibus Tyriis mos est gestare pharetram*] *purpureo* [*-que alte suras vincire*] *coturno* [*ebda. I,337*] 690,77. mit griezze [*epistolam ei miserunt*] *creta* [*antiquo more signatam, Serv. zu ebda. VI,321*] 724,37. mit grauuinin [*dum adhuc*] *canis* [*spargitur caput, Hier., Ep. LVIII,11 p. 540,15*] 4,333,3;

β) *die mit* mit *verbundene Größe ist etwas Belebtes:* bifâhan: doh si feselig muoter si . mit chinden befangeniu *corpulentaque mater . s. ops . quamvis foecunda circumfusaque partubus* Nc 746,30 [62,9]; – umbibihabên: mit meniki umpipihab*et turba circumdatus* Gl 1,252,13; – mengen: bauhnit dhea nidhigun chimenghide mit sundigem *permixtim, scilicet subdoli cum peccatoribus* I 41,6; – thuruhmiscen: .. d*u*ruhmiste *mit* herirom *aduliscentiores fratres iuxta se non habeant lectos, sed permixti cum senioribus* S 231,22; – samanôn: gisamanote mit then alton girate intfanganemo ginuhtsaman mietscaz gabun then kenfon *congregati cum senioribus consilio accepto pecuniam copiosam dederunt militibus* T 222,2; – bisizzen: ni ward io nihein ezzan mit sulichen bisezzan, noh disg in alahalbon, ni si avur mit then selbon O 4,9,21. 22; – gizeinôn: sie sliumo thes sar zilotun, thaz grab gizeinotun ... mit giwafniten mannon [*vgl. illi ... munierunt sepulchrum ... cum custodibus, Matth. 27,66*] O 4,36,19; [*– Glosse:* mit them [*duodecim apostoli sunt electi: sed unus in his admixtus est*] *qui probaret* [*, undecim qui probarentur, Greg., Hom. 2,38 p. 1638*] Wa 63,10;]

γ) *die mit* mit *verbundene Größe ist etwas Abstraktes:* (bi)thecken: mit leru sie unsih thaktin, fon ungiloubu irwaktin O 4,5,29. bethecoda sint mit unrehte in mit ummilda iro *operti sunt iniquitate et impietate sua* Pw 72,6; *ferner:* O 4,5,32. Pw 70,13 (2). Nb 39,32 [32,15]; – umbifâhan: uuaz mag in uuerelte sin . iz neuuerde umbefangen mit tien ringen dero planetarum? Nc 709,10 [25,12]; – (ir)fullen: [*thia* the thar gifulda sindun mid then vu*irsiston erth*likon dadion *illi enim ... sunt ... pessimis terrenis actibus ... completi* Wa 4,11 = 12,9.] felt thina irfullot uuerthunt mit genuhte *campi tui replebuntur ubertate* Pw 64,12. Israhelite, die iu êr irfulti mit den gotchuntlichen gichosen Npw Cant. Annae 5 (Np *nur divinis eloquiis*); *ferner:* Pw 70,8; – fuogen: nu scal geist miner, mit selu gifuagter ... druhtinan diuren O 1,7,3; – (bi)gurten: gigurdit mit geuuelde *accinctus potentia* Pw 64,7. mit dero uirtute temperantiae begurtost du mih zeuuiderstanne *praecinxisti me virtute ad bellum* NpNpw 17,40; *ferner:* Nc 698,3 [12,20]. NpNpw 17,33; – biheften: die manslecken, die luginare, die diube, die sint piheftit mit des tiufalis uuerhi S 170,62. sie uuurden beheftet mit uuerltkiridon NpNpw 19,9; *ferner:* Nb 15,15 [12,24]; – gikorônôn: mit kuollichi unde mit eron gecoronotost du in *gloria et honore coronasti eum* NpNpw 8,7 (= Npw 8); – meiligôn: mit huore, mit uberhuoren, mit meinen eiden, mit manslahten, mit tiuuen, mit rouben, mit lugen unte mit ander manegen den gelichen habent ir si (*die bei der Taufe empfangenen weißen Gewänder*) gemeiligit unte bewollen *quas ... fornicationibus, adulteriis, periuriis, homicidiis, furtis, rapinis, mendaciis et aliis multis his similibus commaculastis* S 342,17. 18 (2). 19. 20 (3). 21; – (gi)salbôn: bidhiu auur chisalboda dhih got ... mit freuuuidha olee *propterea unxit te deus ... oleo laetitiae* I 4,20. salbotost min muot mit keistlichero frouui *inpinguasti in oleo caput meum* NpNpw 22,5; – bismîzan: mit unliumende besmizener *existimatione foedatus* Nb 37,19 [30,18]; *ferner:* 35,3 [28,18]. NpNpw 7,6 (= Npw 5); – unsûberôn: mik seluon mid uuilon uuordon endi mid uuilon uuerkon endi mid uuilon githankon, mid uuilon luston mer unsuuroda than ik scoldi S 319,37. 38 (2). 39 = Wa 17,12 (3). 13; – uuarnôn: daz dier bizeihchenet den man, der dir giuuarnot ist mit allen dugeden, mit minne, mit driuuon, mit allero reinnussedo S 130,99; – uuâten: ir sizzet in thera burgi, unz ir sit giuuatite mit megine fon hohi *vos ... sedete in civitate, quoadusque induamini virtutem ex alto* T 244,1; – biuuellan: *beuuil*let er sih auar mit sundon [*vgl. peccat, Caesarius Arelatensis, Beitr. 63,273*] S 157,4. suelih unsere sina kiuuizzela hat piuollen mit dera kirisheite. mit irhabenussida. mit abunste. mit meinen eiden. mit diufin mit kidensi. mit kistrite. oder mit diheinera fleisclichera piuuvllida *nam si quis nostrum habet avaritia vel elatione aut vana gloria, iracundia, odio, invidia, fortassis aut periurio, furto, detractione, rixa vel etiam corporali immunditia ... pollutam conscientiam suam* S 173/174 (*vgl.* ZfdA. 135,167,22. 23. 24 (2). 25. 26 (2). 27). ih gihu, daz ih mih selbon mit lustin inti mit argen uuillon int mit argen githancon biuual *me ipsum per carnalia desideria et per malas cogitationes et per malam voluntatem ... contaminavi* S 324,34 (*zum Lat. vgl. Steinm. S. 323,29 f.*); *ferner:* 131,119. 326,16 (3). 359,79 (2). 80; – gizeinôn: sie sliumo thes sar zilotun, thaz grab gizeinotun ... mit mihileru festi O 4,36,18; – zieren: auditores, die der mit simplicitate unte mit manigslahtigen uirtutibus din hus zierent W 25,6 [63,27. 28]; – *Glossen:* mit sue managen mihhilinun *quantislibet* [*enim auri et argenti*] *molibus* [*circumdetur, quibuslibet pretiosis vestibus induatur caro, quid est aliud quam caro? Greg., Hom. I,13 p. 1484*] Gl 2,285,53. mit so unreinero piuuelida [*quae vero interno concepta e pectore promunt ora hominum, mentem possunt aspergine labis polluere*] *inmundo* [*-que hominem maculare*] *piaclo* [*Juv. 3,168*] 351,17. zahi vmpivengida ł mit dero zahi [*cerneres ... ossa, nervos et medullas*] *glutino* [*cutis tegi, Prud., H. o. horae* (*IX*) *102*] 423,62 (*1 Hs. nur* zâhî). ganauinzode mit scernlihamo [*inpune tantas, furcifer, strophas*] *cavillo* (*Glossen: derisione, deceptione*) *mimico* (*Glosse: scurrili, vgl. beide PL 59*) [*te nexuisse existimas ...? ders., P. Laur.* (*II*) *318*] 434,10, *z. gl. St.* mit scirnlichon spott.. (*l.* spott*um? Vgl. Steinm.*) 477,46, mid scernlikemo hosca 587,21 = Wa 101,15. mit ter m*i*chala [*bis senos micarum*] *molibus* [*inplent post caenam cophinos, ders., Apoth. 718*] 458,49. mit temo zoup̄ [(*der Teufel*) *trahit inde sophistas ... involvit*] *mathesi* [*ders., Symm. II,894*] 472,64. mit spore [*dum trepidant alae saltusque*] *indagine* [*cingunt, Verg., A. IV,121*] 696,34. mit hermidom [*angustia animi affligit me, circumdatus sum omnibus malis, circumsaeptus*] *aerumnis* [*Is., Syn. I,5 p. 829A*] Beitr. (Halle) 85,60,44;

e) *mit kausalem Einschlag: sich freuen an:* frauuôn: mit themo guate ih frawo thar mina daga inti ellu jar O 1,2,56.

2) *als Ergänzung bei Substantiven und Substantiv-Verb-Gefügen:*

a) *Barmherzigkeit (erweisen) an, gegenüber:* gihortun thaz tho ira nahiston inti ira cundon, thaz truhtin mihhilosota sina miltida mit iru *audierunt vicini et cognati eius quia magnificavit dominus misericordiam suam cum illa* T 4,10. so her sprah thuruh mund heilagero ... zi tuonne miltida mit unsaren faterun *sicut locutus est per os sanctorum ... ad faciendam misericordiam cum patribus nostris* 15;

b) *Unrecht, Sünde (begehen) an:* dir uuirdo ih suntigo pigihtic ... allero minero suntono unti allero minero missitati, de ih eo missiteta odo missidahta odo missisprah ... tages odo nahtes, in suelichero steti odo in suelichemo zite ih si gefrumeta, mit mir selbemo odo mit andremo S 315,9;

c) *Geduld (haben) mit: in bruchstückhafter Überlieferung, nach dem lat. Text vielleicht hierher:* habe gadult mit .. *patientiam habe in me* F 12,6 (*vgl. die Parallelstelle* T 99,2 *s. v.* in *praep.* 1. Teil A IV 2, *Ahd. Wb. 4,1523*);

d) *Abrechnung (halten) mit:* ther dar uuolta redea sezzan mit sinen scalcon *qui voluit rationem ponere cum servis suis* T 99,1; *ferner:* 149,3 (*cum*);

e) *eine Beziehung (eingehen), Abmachung/Übereinkunft (treffen), Verhandlung (führen), Beratung (durchführen) mit:* mit Ludheren in nohheiniu thing ne gegango S 82,21. oba so ist mannes sacha mit uuibe, thanne nist biderbi zi gihiuuenne *si ita est causa hominis cum muliere, non expedit nubere* T 100,5. gizunfti gitanera mit then uurhton fon tagelone santa sie in sinan uuingart *conventione autem facta cum operariis ex denario diurno misit eos in vineam suam* 109,1. mit in iz ahtota ... mit in uuas sin girati, thaz selbo er inan (*Jesus*) firlati O 4,8,19;

f) *Gemeinsamkeit (haben) mit:* ni habest thu deiles wiht mit mir [*vgl. non habebis partem mecum, Joh. 13,8*] O 4,11,31, *z. gl. St.* thanne ni habes teil mit mir T 155,4;

g) *Gemeinschaft (haben) mit:* mit dhem unbalauuigom ist siin samuuist *cum innocentibus conmoratur* I 41,2;

h) *Rede (führen) mit:* ih gihu gode almahtdigen, daz ih ... unrehda reda deda mit anderemo manne S 332,15;

i) *Streit, Kampf (austragen) mit:* wettu irmingot quad Hiltibrant ..., dat du neo dana halt mit sus sippan man dinc ni gileitos S 4,31. vuard thar reda gitan fon then iungiron Iohannes mit then Iudeon fon thero subarnessi *facta est ergo quaestio ex discipulis Iohannis cum Iudaeis de purificatione* T 21,3.

3) *als Ergänzung bei Adjektiven und Adjektiv-Verb-Gefügen:*

a) *angeklagt, beschuldigt (sein) bei:* sum man uuas otag, ther habeta sculdheizon, inti ther uuas unliumunthaft mit imo, samaso her ziuurfi siniu guot *homo quidam erat dives, qui habebat vilicum, et hic diffamatus est apud illum, quasi dissipasset bona ipsius* T 108,1;

b) *feindlich gesinnt (sein) gegenüber:* alle die mir rietun den unrehton rihtuom, die sint fienta din, mit den uuillih gifeh sin *nonne eos, qui te oderunt, oderam et super inimicos tuos tabescebam?* S 106,19;

c) *gemein(sam) (haben) mit:* taz ne habet er (*der Mensch*) mit nehenemo gemeine S 119,23 [K.-T. 7,314,12];

d) *gleich mit:* tho santa got giwaran gomon filu maran (*sc. Johannes den Täufer*), man mit uns gimeinan, sinan drut einan O 2,2,2;

e) *reich an etw., (gut) ausgestattet mit etw.:* got so ir erist mannan chifrumida mit dhem hohistom salidhom odagan *deus cum hominem fecisset summa beatitudine praeditum* I 28,18. iz (*das Land*) ist filu feizit ... mit managfalten ehtin O 1,1,68. er (*Herodes*) santa man manage mit wafanon garawe 20,3. wir unsih muazin samanon zen gotes druttheganon, mit werkon filu riche zi themo hohen himilriche 28,12;

f) *verbunden (sein) mit:* *h*uuanta âno dea nist dir eouuiht bidarbi des du *h*apen maht huuanta siu (*caritas dei*) ist samahafti mit demo *h*eilagin geiste F 29,11.

IV. *bruchstückhafter Text:* .. mit den .. S 177,7^{d},8. .. mit guot.. 178,7^{a},13. so uuaz sos ih mit thesemo .. 332,31.

V. *unsichere und nicht näher bestimmbare Belege:*

1) *Glossenwort, auch in Worterklärungen u. isolierten Wendungen:* ganduungani mit angusti *angore anxietate* Gl 1,6,14. mit fastinode *adstibulatione* 10,23 (*Ra* zi). edo mit mahti (*Pa*, edho mahti *K*) *vel potentia* 18,6. mit unhreini *inmunditia* 64,11. miltinamo ander mit aiganu namin *cognomen alium cum proprio nom̄* (für *nomine*) 90,11. mit huldi ł kerni *devotione* 97,34. mit timo innan imu *secum intra se* 245,37. mit geflecter nasen *simius* 3,344,49. mit skipun *scutulum* (*3 Hss. -us*) 4,96,32. mit shiben *scutulis* 159,45 (*vgl.* Beitr. 73,221; mushiben *Steinm.; vgl.* mit skipun *scutulis* Gl 2,405,71). mit warfe *stamine* 160,72. mistebǒ,m *scutulus* 174,35 (*l.* mit s*k*ebǒm).

2) *Vok.-Übers.:*

a) *wohl bloße Wiedergabe der lat. Präp.:* kalich mit honegge [*man: quod erat quasi semen coriandri album, gustusque eius quasi*] *similae* (*Hs. simile*) *cum melle* [*Ex. 16,31*] Gl 1,335,52 (*mit Verwechslung von lat. similis u. simila*). mit iruvortanen vichpoumun [*propterea habitabunt dracones*] *cum faunis* (*Hss. fatuis*) *ficariis* [*: et habitabunt in ea* (*sc. Babylon*) *struthiones, Jer. 50,39*] 634,47 (*5 Hss. ohne* mit);

b) *Wiedergabe eines Präfixes als vorangestellte Präp.:* mit ainuigen [*venire in armis*] *perduelles* (*Glossen: pugnaces: duelles, id est rebelles, vgl. PL 60*) [*nuntiat, Prud., P. Rom. (X) 53*] Gl 2,481,42 (*das lat. Lemma scheint als* per *duelles übersetzt zu sein*);

c) *ohne erkennbares Lemma, Wiedergabe des bloßen Ablativs, Fehlübers.:* mit gitarnti [*sed longe alia est ira quae sub aemulationis specie subripit, alia quae turbatum cor et sine iustitiae*] *praetextu* [*confundit, Greg., Cura 3,16 p. 57*] Gl 2,206,1, *z. gl. St.* mit kitarno 214,60. mit gisprache [*quia nec opus, nec scientia, nec*] *ratio* [*, nec sapientia erunt apud inferos, quo tu properas, ders., Hom. I,13 p. 1485 = Eccles. 9,10*] 286,7 (*1 Hs. nur* sprâhha).

B. mit Akkusativ

I. mit *in adverbialen Fügungen:*

1) *lokal (zur Angabe einer räumlichen Nähe; die mit* mit *verbundene Größe ist etwas Belebtes): bei:*

danta nist mit cotan heiteo antfangida *quia non est apud deum personarum acceptio* S 200,4. so noz uuortaner pim mit *dih ut iumentum factus sum apud te* 215,30. danta mit tih kenada ist *quia apud te propitiatio est* 297,13; *ferner:* 22. 23 (*beide apud*); *in einer Wendung: bei sich selbst:* trahtoe mit sih *tractet apud se* 202,27.

2) *komitativ* (*zur Angabe der Begleitung, des Zusammenseins, der Gemeinschaft*): *mit, zusammen mit:* der farfluahhanan diubil mit eddesvvelihha kespanst imu mit dia selbun kespanst sina fona kesihtim herzin sines farspienti keleitta ze neovvehti *qui malignum diabolum cum aliqua suadente sibi cum ipsa suasione sua a conspectibus cordis sui respuens deduxit ad nihilum* S 194,23. 24 (*z. St. vgl. Masser, Komm. Ben.reg. S. 80 f.*).

3) *modal: mit, nach:* dhanne ir (*Gott*) mit ęrcna euua abgrundiu uuazssar umbihringida *quando certa lege et gyro vallabat abyssos* I 1,4.

4) *instrumental: mit, durch:* mit ursazz [*ac statim ipse profectus, uti ante comitia, quod tempus haud longe aberat, armis aut*] *deditione* [*aut quovis modo bellum conficeret, Sall., Iug. 36 p. 272,11*] Gl 2,612,37.

II. mit *in Präpositionalverbindungen als präpos. Obj., mit teils lokalem, teils komitativem Einschlag: mit, bei:* do uuas der eino almahtico cot ... enti dar uuarun auh manake mit inan cootlihhe geista S 16,8. *i*h *simb*lum mit dih *ego semper tecum* 215,31.

C. *mit Instrumental*

I. *mit nominalem Instrumental:*

1) mit *in adverbialen Fügungen einschließlich prädikativer Attribute* (*in einigen Belegen Übergang zu* 2)*:*

a) *komitativ* (*zur Angabe der Begleitung, des Zusammenseins, der Gemeinschaft*)*:* (*zusammen*) *mit:*

α) *die mit* mit *verbundene Größe ist etwas Belebtes:* in dhes chiriihhun ardot uuolf mit lambu *in cuius ecclesia habitat lupus cum agno* I 40,21. in dhes æuuiste sitzit pardus mit gheizssinu *in cuius ovile pardus cum haedo accubat* 41,5. kote fatere si tiurida sine*mu* ioh einin suniu mit atumu pirnantin *deo patri sit gloria eiusque soli filio cum spiritu paraclito* H 19,12,3; S 94,1. 2 *s.* A II 2aβ;

β) *die mit* mit *verbundene Größe ist etwas Gegenständliches:* thuruh thie thekiziegala santun inan mit thiu bettu in mitti furi then heilant *per tegulas summiserunt illum cum lecto in medium ante Ihesum* T 54,3;

b) *modal* (*Angabe der Art und Weise, auch des begleitenden Umstands, Vorgangs oder Zustands sowie der Haltung, Tätigkeit und Beschaffenheit des Subjekts oder Objekts sowie einer Besitzrelation*)*: mit, auch in:*

α) *die mit* mit *verbundene Größe ist etwas Abstraktes: mit, in:* ibv hvvaz ist kepotan, nalles stozzonto, nalles uualo, nalles trago ... edo mit antuurtu des niuuellentin ist kitan *si quod iubetur, non trepide, non tepide, non tarde ... vel cum responso nolentis efficiatur* S 208,4. keuuisso mit ubilo muatu ibv hoorit disco *nam cum malo animo si oboedit discipulus* 12. kasehant mannes sunu quemantan in himiles uuolcnum mit mihhilu meginu enti almahtigin *videbunt filium hominis venientem in nubibus caeli cum virtute multa et maiestate* F 19,7. mit mihhilu ungirehhu thaz cutti uuas biskrenkit in then seo *magno impetu grex praecipitatus est in mare* T 53,10. thaz wir fon then bliden mit leidu ni gisceiden O 1,28,3. thaz leben wir ... mit heilu Ol 80; *ferner:* S 208,9 (*cum*). O 3,14,48; 3,7,18. 5,3,19 *s.* A II 3aα; – *Glossen:* mit prahtu [*accepitque unusquisque vir arma sua, et egressi sunt cum grandi*] *strepitu* [*et ululatu, Judith 14,7*] Gl 1,487,38. mit kuotu *aeternam vitam adipiscendam ut praesentem vitam in bono ducendam* [*Randgl. zu: qui enim vult*] *vitam* [*diligere, et dies videre bonos, 1. Pet. 3,10*] 790,11;

β) *die mit* mit *verbundene Größe ist etwas Gegenständliches: mit:* (stuatago) uerit mit diu uuiru uiriho uuison S 69,56. uzzan er iz (*seine Missetaten*) mit alamusanu furiuiegi 72,97. giang er (*der Engel Gabriel*) in thia palinza, fand sia (*Maria*) drurenta, mit salteru in henti O 1,5,10. ein thero knehto ... mit speru er tharzua giilta, indeta mo (*dem Gekreuzigten*) thia sita [*vgl. unus militum lancea latus eius aperuit, Marg. nach Joh. 19,34*] 4,33,28; *ferner:* 1,4,20. 3,20,38;

γ) *in Verbindungen:* mit ebinu *in gerechter, passender Weise:* thie gotes drutthegana thaz sint thie sconun fadama, mit in ist io mit ebinu thiu tunicha giwebinu O 4,29,14. thaz (*sein Wirken als Herrscher*) duit er al mit ebinu Ol 14; – mit muotu *von Herzen:* nirfrewe sih mit muatu iamer thar (*im Himmel*) mit guatu Os 46; – mit rehtu *von Rechts wegen, zu Recht:* so ih mit rehto aphter canone scal S 64,4. so haldih thesan minan bruodher, soso man mit rehtu sinan bruodher scal 82,20; *ferner:* 327,10 (2). 11. 12. 328,14; *Glossen:* mit rehdu [*tantos enim invidus habet*] *iusta* [*poena tortores, Halitg., De vitiis 1,6 p. 662B*] Mayer, Griffelgl. S. 50,155a; *hierher vielleicht auch:* mit rehtu ze gahalonne [*occasio ergo rapiendi subtrahitur, si bene prius*] *ius possidendi* [*disponatur, Greg., Cura 3,21 p. 67*] Gl 2,229,15 (*in freier Übers.?*); – mit sêru *zu meinem, zu unserem Schmerz:* nu birun wir mornente mit seru hiar in lante O 1,18,21. min dohter ist mit seru in unwizzin 3,10,11; – mit sulîhhu *auf solche Weise:* joh er in sinaz richi, in sina guallichi mit sulichu biquami, sos imo selben zami [*vgl. nonne haec oportuit pati Christum et ita intrare in gloriam suam? Luc. 24,26*] O 5,9,48; *ferner:* 2,16,23. 3,21,19; – mit unrehtu *zu Unrecht, grundlos:* mit unrehtu uparuaran [*episcopo non licere alienam parochiam, propria relicta,*] *pervadere* [*, licet cogatur a plurimis, Can. apost. XIV p. 113*] Gl 2,97,16. kahaloteru odo kaeiskoteru unprutti des man dana uona deru chirichun mit unrehtu farchaufta odo pinam [*de his, quae pertinent ad ecclesiam, quaecunque ... presbyteri vendiderunt: placuit,*] *rescisso contractu* [*, ad iura ecclesiastica revocari, Conc. Anc. XXXIV p. 121*] 99,18 (*z. St. vgl. Kralik, Arch. S. 112 ff.*). 4,322,20. mit unrehto [*haut secus Herodes Christo stimulatus adempto sternere conlisas parvorum strage catervas*] *inmerito* [*non cessat atrox, Sed., Carm. pasch. II,117*] 2,615,55. mit unretdu [*ordinatus*] *absolute* [*non permittantur ministrare, vgl. Conc. Chalc. VI, PL 67,172D*] Mayer, Griffelgl. S. 34,69a; – O 2,14,72 *s.* A II 3d;

c) *modal-instrumental: mit:* thaz man nan ni firstali, mit meginu ouh ni nami O 4,36,20;

d) *modal-final: mit, zu:* mit heilu er giboran ward, ther io thia salida thar (*im Himmelreich*) fand Os 44;

e) *modal-kausal: mit, aufgrund von:* sin drut ouh stuant thar einer mit thiarnuduamu reiner O 4,32,5;

f) *instrumental* (*zur Angabe des Hilfsmittels, mit dem eine Handlung vorgenommen, ein Vorgang ausgelöst wird*)*: mit:*

α) *die mit* mit *verbundene Größe ist etwas Gegenständliches:* mit geru scal man geba infahan S 5,37. nu scal mih suasat chind swertu hauwan, breton mit sinu billiu 7,54. mid aldu uuaiffu aer þu hrẹne 39,22. hiez en slahen harto mit uunteruuasso suereto 95,27. meintati ungahiure scozila skurgi de suuarzun mit dinu skiltu *piacla dira iacla trude tetra tua cetra* 290,12. eno nu ia coufit man zuene sparon mit scazzu? *nonne duo passeres asse veneunt?* T 44,20. (Maria) suuarb sine fuozi mit ira fahsu *extersit pedes eius capillis suis* 135,1. erhieng sih mit stricu *laqueo se suspendit* 193,3. thie andere iungoron mit ferennu quamun *alii … discipuli navigio venerunt* 236,7. mit snabulu ni winnit ouh fuazin ni krimmit [*vgl. columba … nullum ore vel unguibus laedit, Hrab. zu Matth. 3,16*] O 1,25,28. mit lozu thaz githulten, wir sa alanga gihalten 4,28,16. sie nan … mit ezzichu drangtun [*vgl. dabant ei acetum bibere, Marg. z. St.*] 33,19. mit fiuru sie nan brantin, mit wazaru ouh irqualtin 5,1,11; *ferner:* T 138,11. 211,4. O 1,1,89. 2,11,48. 3,25,17. 4,37,26; *Glossen:* mit sperascaftu in hegadrosi [*percussit … eum Abner*] *aversa hasta in inguine* [*Greg., Cura 3,16 p. 58 = 2. Reg. 2,23*] Gl 2,228,48. mit horno [*tirones Bellona truci non excitat*] *aere* (*Glosse: cornu, vgl. PL 60*) [*Prud., Psych. 236*] 525,7. mit krintilo [*ante fores tumuli, quas saxa inmania duro*] *obice* [*dampnarant, ders., Apoth. 753*] 526,12. mit antluttiu [*ostendunt*] *vultu* [*quod in corde non gestant, Is., Syn. I,7 p. 829C*] Beitr. (Halle) 85,60,45. mit uuafanu [*ne … luxuriae se*] *mucrone* [*transfigant, Halitg., De vitiis 1,14 p 667B*] Mayer, Griffelgl. S. 52,172a;

β) *die mit* mit *verbundene Größe ist etwas Abstraktes:* mit uuochru thera reuun antheizun … keltan *cum fructu paenitentiae votum … reddere* H 23,3,3. aer (*Petrus*) auuar laucnita mit eidu *iterum negavit cum iuramento* F 23,12, *z. gl. St.* O 4,18,16. (Anna) nirfuor nio fon themo temple, uzouh … mit gibetu thionota *quae non discedebat de templo, … observationibus serviens* T 7,9. aruuarf thie geista mit uuortu *eiciebat spiritus verbo* 50,1. mit cussu selist then mannes sun? *osculo filium hominis tradis?* 183,4. mit drostu ouh thie gispreche [*vgl. illuminare, Marg. nach Luc. 1,79*] O 1,10,25. thie sehs ziti worolti … mit wisduamu drankta [*vgl. quia sex mundi aetates sapientiae salutaris largitate donavit, Beda u. Alc. zu Joh. 2*] 2,10,6. mit koufu brot giwinnan [*vgl. unde ememus panem, Marg. nach Joh. 6,5*] 3,6,17. mit sines selbes todu ubarfuar thiu bedu 7,20. min ahtet ir mit nidu thuruh thiu werk minu 22,39. mit muatu ir mir ni nahet joh mih noh nirknahet 4,15,32. mit doufu sih ni wihit 5,16,33. thaz iaman thes giwise, mit wihtu sih irlose 19,58. ih lonon iu es thare mit liebu 20,72; *ferner:* T 47,4. O 1,8,22. 3,6,21. 4,13,42. 22,4;

g) *instrumental-kausal: durch, aufgrund von:* nist wib, thaz … merun grunni mit kindu io giwunni O 1,20,16. ofto in noti er was in war, thaz biwankota er sar mit gotes scirmu scioro joh harto filu zioro Ol 20;

i) *kausal: wegen, aus, um … willen:* mit lobu *praeconio* [*… eximiae conversationis celebre nomen eius habebatur, Greg., Dial. 2,3 p. 216*] Gl 2,247,23; O 3,19,28 *s.* A II 7bγ;

j) *konditional: (nur) mit, bei:* mit sinv si kipete .. uuillin *cum eius fiat oratione et voluntate* S 257,20.

2) mit *in Präpositionalverbindungen als präpos. Obj.:*

a) *mit komitativem Einschlag: mit jmdm. sprechen:* .. imv ni erlauben kasprohchan vvesan mit kastu *dicens sibi non licere conloqui cum hospite* S 259,4; – *mit jmdm. gleichnamig (sein):* (*Christus*) dher anaebanliih ist gote endi chinamno ist mit godu *cuius … unicum nomen divinitatis est* I 8,17;

b) *mit instrumentalem Einschlag, bei Verben des Anfüllens, Bedeckens, Umgebens mit:*

α) *die mit* mit *verbundene Größe ist etwas Gegenständliches (auch in bildl. u. übertr. Gebrauch):* kisotan prot unkipachan dunni mit oleo kasalbot [*tolle … panes … azymos, et crustulam absque fermento, quae conspersa sit oleo,*] *lagana* [*quoque azyma oleo lita, Ex. 29,2*] Gl 1,283,21. (berianbed gildi bilegid .i.) tragabethti mit goldu bilegit *lectuli … aurei* [*et argentei, super pavimentum … dispositi erant, Esth. 1,6*] 488,17 (*2 Hss.* berianbed *deauratum, 1 Hs. nur* birbed londe bileid). mit lorpaumes pletirum haupitpantu kachronot [*ille (Jesus) descendit carne velatus, iste ascendit sanguine*] *laureatus* [*Pass. Steph. p. 51[b]*] 2,765,6. fullet thiu faz mit uuazaru *implete hydrias aqua* T 45,5. mit giuuatu ni giuuatita sih *vestimento non induebatur* 53,3. sin (*des Lazarus*) annuzi mit sueizduohu gibuntan *facies illius sudario erat ligata* 135,26. ni brennit man … sinaz liohtfaz, thaz er iz … mit muttu bisturze [*vgl. nemo … lucernam accendens operit eam vase, Luc. 8,16*] O 2,17,16. bifangan si ih mit reino 5,3,11; *ferner:* T 44,29. 138,12. 185,12. 196,7;

β) *die mit* mit *verbundene Größe ist etwas Abstraktes:* kituolin arklihhod irleskit edho mit slafu kisuuarit *sopitus extinctus aut somno gravatus* Gl 1,248,26. brahtun imo (*Jesus*) alle … mit uuizziu bifangane *obtulerunt ei omnes … tormentis conprehensos* T 22,2. anastantent kind in iro eldiron inti mit todu uueigent sie *insurgent filii in parentes et morte eos afficient* 44,14. mit todu er daga fulta O 1,21,2. thaz Johannes … mit doufu inan (*Jesus*) gibadoti [*vgl. ut baptizaretur, Matth. 3,13*] 25,2. mit ubilu gibuntan 4,5,14; *ferner:* T 125,7. O 2,9,9. 4,5,13;

c) *mit kausalem Einschlag: an:* nirfrewe sih mit muatu iamer thar (*im Himmel*) mit guatu Os 46.

3) *nicht näher bestimmbar: Glossenwort:* mit gahizzu *adsponsione* Gl 1,10,24 (*Ra* zi). mit fraganu *adinterrogatione* 25 (*Ra* zi).

II. *mit pronominalem Instrumental:*

1) mit allu: *ganz und gar s.* al B I 1a, *Ahd. Wb. 1,123f.*

2) mit thiu:

a) mit *mit dem Dem.-/Rel.-Pron.* thiu *als Präp.-verb., mit Übergang zur Funktion eines Pronominaladverbs (das Bezugswort kann noch ein mask. oder neutr. Subst. sein):*

α) *demonstrativ: instrumental: mit dem, mit der, damit:* thiz was, wizist thu thaz, thiu ju intbant thaz ira fahs, joh was iru thaz suazi, mit thiu suarb si Kristes fuazi O 3,23,12. drag thu, giloubi thu mir, then gundfanon anan thir … Mit thiu wurtun wir girochan 5,2,13. noh danne furesezze proslambanomeno sinen ahtoden teil mit . F . unde habe mit diu gezeichenet den sehzehendun seitun Nm 852,27 [335,26]; *ferner:* O 5,2,14. 15. 3,9. 15; – *in der Funktion eines präpos. Obj.: mit dem, damit:* thaz (*signaculum crucis*) scirme mih in brustin fon armalichen lustin … Mit thiu si ih io bifangan O 5,3,17;

β) *relativ: modal und Angabe des begleitenden Umstandes: mit dem, womit:* flecho mit diu man gaporan uuirdit *naevum* Gl 1,214,26 (*vgl. naevum macula quod in homini (l. -e) nascitur; zur Übers. der Vorlage* *aus dem Abrogans vgl. Splett, Sam.-Stud. S. 114*). bigan er susliches zi ente thesses riches, mit thiu er thaz lant al ubargiang, unz man hiar nan nu gifiang O 4,20,30; – *instrumental: mit dem, mit der, womit:* hacco mit diu man uspanna uuintit [*qui (Samson) rupit vincula, quo modo si rumpat quis filum de stuppae tortum*] *putamine* [, *cum odorem ignis acceperit, Jud. 16,9*] Gl 1,288,71. siu sint innana hol, heileges giscribes fol, mit thiu sie unsih iagilicho drenkent frawalicho O 2,9,14. thes sarphen wizodes not bizeinont thisu finf brot, mit thiu er io in noti thuangta thie liuti [*vgl. quinque panes, quibus multitudinem populi saturavit, quinque sunt libri Moysis, Beda u. Alc. zu Joh. 6,5*] 3,7,24. tho nam er, thaz er leibta, mit thiu er in ouh tho liubta 5,11,43. theist ther heilego geist, mit thiu er se drosta sidor meist 12,63. wio managfalt gilari in himilriche wari, mit thiu druhtin lonot themo, thi imo thionot 23,3. thu horist thar (*im Himmelreich*) âna wank io thero engilo sank, mit thiu se then warbon lobont druhtin selbon 180. uuanda sie sprechent daz . mit diu sie andere argeront Np 13,3; *ferner:* O 5,23,181; – *kausal: weswegen:* joh will es duan nu enti, mit thiu ih fuar ferienti O 5,25,4; – *in der Funktion eines präpos. Obj.: mit dem, mit der, womit:* italiu ente unbideruiu sprah ih (*mit demjenigen*) mit diude ih scolti guotiu sprehe S 316,23. theist giscrib heilag, thaz wir lesen ubar dag, mit thi uns then weg, soso zam, strewent thie gotes man O 4,5,56. then sabon sie thar funtun, mit thiu nan thie biwuntun 5,5,11;

b) mit thiu *in der Funktion eines Pronominaladverbs:*

α) *demonstrativ: damit:* quad er ... nim thin betti mit thir ... er hiaz mih gangan mit thiu O 3,4,38. unde blezzen taraba gezuhten . sih uuanende mih alla haben . fuoren siu mit tiu *abreptisque ab ea panniculis . credentes me sibi totam cessisse abierunt* Nb 19,17 [15,27]: – *modal: damit, auf diese Weise:* non consilium dedisse ... qui vobis laudes suas uendere consueuerunt et mid thiu vos in errorem induxerunt [*zu: responderunt prudentes, dicentes: Ne forte non sufficiat nobis, et vobis, ite potius ad vendentes, Matth. 25,9*] Gl 4,292,8 = Wa 52,32. homo est ... animal rationale et mortale. Taz ist imo (*dem Menschen*) gemacze, mit tiu habist tu in genoman uzer den anderen lebenten S 118,18 [K.-T. 7,314,6]. mit thiu giduet ir widar got, thaz er iu ginadot O 1,24,11. det er then liutin mit thiu drost 2,15,22. thie fridusame ouh salig, thie in herzen ni eigun niheinaz wig, mit thiu sie thaz giweizent, sie gotes kind heizent 16,26 (*PV; F s.* β). tho man nan bismerota, wio er unsih mit thiu nerita 4,25,2. thaz sie biquemen follon mit thiu zen gotes minnon [*vgl. qualiter perveniri debeat ad amorem dei, Alc. zu Joh. 20*] 5,12,72; *ferner:* 2,5,11. 14,33. 24,38. 4,2,26. 28,10; – *instrumental: damit, dadurch:* lachina mid diu daez dolg S 40,26. nu leru ih iuih harto kurzero worto, wio ir giduet follon then druhtines willon ... Mit thiu ir thanne irfullet, thaz forasagon singent [*vgl. haec enim ... lex et prophetae, Marg. nach Matth. 7,12*] O 2,23,5. tho want er (*Judas*), (*Jesus*) in ther noti sih anderlichan dati ... theiz wari gougulares list, mit thiu sih in (*den Häschern*) biweriti joh sih fon in gineriti [*vgl. timebat, ne simili transformatione laberetur de manibus ministrorum, Beda u. Hrab. zu Matth. 26,48*] 4,16,34. tho er bi unsih wolta dowen, mit thiu thia worolt frowen, thaz si sin ginuzzi in thes lichamen bruzzi 5,12,23. mit thiu kundt er hiar ouh mannon, thaz sie sih erist minnon 71. er mit thiu mo zalta, thaz werdan thaz noh scolta [*vgl. hoc dixit significans, qua morte, Marg. nach Joh. 21,19*] 15,45. (*Basilius*) der uuart anabraht . daz er mih leidota . mit tero note des scazzes . tes er sculdig uuas. Ter losta sih mit tiu Nb 28,10 [23,7]. taz er Mercurium saget kehiien ze Philologia . mit tiu leret er unsih . daz io uuizze sulen sin mit kesprachi Nc 688,2 [2,19]. daz du mit tiu storest den fient NpNpw 8,3 (= Npw 5); *ferner:* Nb 22,23 [18,20]. Nc 690,2 [4,1]; – *kausal: daher, deswegen:* ja bistu ... heiler, nu ni sunto thu mer; mit thiu thin muat sih werie, thir wirs ni giburie O 3,4,46; – *in der Funktion eines präpos. Obj.: mit lokal-instrumentalem Einschlag: damit:* uuaz uvas dir geduht uuaz meindostu mit diu [*rursusque expostulans ait*] *quid vidisti ut hoc faceres* (*quid tibi videbatur ł quid tale hic occurrebat unde hoc faceres*) [*Comm. in Gen. = Gen. 20,10*] Thoma, Glossen S. 4,17. es wiht ni firnamun zi niheineru heiti, waz er mit thiu meinti [*vgl. ipsi non intellexerunt verbum, quod locutus est ad eos, Luc. 2,50*] O 1,22,56. thaz druhtin ouh gisceinta, waz er mit thiu meinta, thaz inan so ginoto irbarmeta ther doto 3,24,59. mit thiu meintun thie man, thaz er in tode sigu nam [*vgl. significantes victoriam, vgl. Beda u. Alc. zu Joh. 12,13*] 4,3,23. thaz ih nu meinu mit thiu, unkund harto ist iz iu [*vgl. quod ego facio, tu nescis modo, Marg. nach Joh. 13,7*] 11,27. ni was thar, ther firstuanti, waz er mit thiu meinti [*vgl. hoc autem nemo scivit discumbentium, Marg. nach Joh. 13,28*] 12,45. ther liut mit thiu bizeinta thaz druhtin êr gimeinta 20,37. mit thiu ist gizeinit mannon, sih untar in io minnon 5,12,65; *ferner:* 4,11,40. 5,1,27; – *mit instrumentalem Einschlag: damit:* giloubent sie io rehtes in lichamon Kristes, in sina mennisgi, mit thiu thekent sie nan umbi O 4,29,12. gilouba filu festi in thines herzen brusti; Mit thiu si Krist bifangan, ni laz thir nan ingangan 37,11. wie thar thio fruma niezent, thie hiar thia sunta riezent, sih hiar io thara liezent, thie sih mit thiu bigiazent 5,23,8;

β) *relativ: modal: womit, auf welche Weise:* thie fridusame ouh salig, thie in herzen ni eigun niheinaz wig, mit thiu sie thaz giweizen, sie gotes kind heizen O 2,16,26 (*F, vgl. Kelle 2,351, nach Erdm., Syntax 1,79. 135. 145 demonstrativ; PV s.* α). ward wola in then thingon thie selbun mennisgon, thie thar thoh bigonoto sint sichor iro dato; In thie thoh ubil thanne nist wiht zi zellenne, mit thiu sih thoh biwerien joh etheswio ginerien 5,19,14 (*vgl. Kelle 2,351, nach Erdm., Syntax 1,79. 135. 145 demonstrativ*). 44. 66; – *instrumental: womit:* assumptio dicitur . daz man darazuo legit ... approbatio . mit diu man dia propositionem . alde dia assumptionem geuuarit . unde geloublih ketuot Ns 615,16 [297,9]; – *in der Funktion eines präpos. Obj.: mit instrumentalem Einschlag:* ich habe gisundot ... in aller unreini, und in unkiusci mit diu mennisco in huorlichen meinen in diheina wis sih selben biwellen mac S 147,17. mit tiu man in (*adversarius*) bindit . daz chumet fone sinero geiihte *illatio vinculum est . ex sumptis factum* Ns 606,10 [281,15];

c) mit thiu *in der Funktion einer Konjunktion:*

α) *temporal: zu der Zeit, wo, da, bei einem Ereignis der Vergangenheit auch als:* quement taga mit thiu arfirrit uuirdit fon in thie brutigomo *venient autem dies cum auferetur ab eis sponsus* T 56,6. manago uuituvvun uuarun in Heliases tagun in Israhel, tho bitan uuas himil thriu iar inti sehs manoda, mit thiu gitan uuard mihhil hungar in alleru erdu *multae viduae erant in diebus Heliae in Israhel, quando clausum est caelum annis tribus et mensibus sex, cum facta est famis magna in omni terra* 78,7. cumit zit mit diu ih iu in uuortbilidin ni sprihhu iu, oh ofano fon themo fater sagen iu *venit hora* *cum iam non in proverbiis loquar vobis, sed palam de patre adnuntiabo vobis* 175,3; – (*zu der Zeit*) *wenn, sobald:* mid thiu *cum* [*produxerit fructus, statim mittit falcem, Marc. 4,29*] Gl 4,295,3 = Wa 53,27, *z. gl. St.* mit thiu sih framgileitit thie uuahsmo, sliumo sentit ana sihhilun T 76,2. iogiuuelih man zi erist guotan uuin sezzit, inti mit thiu sie foltruncane sint, thanne thaz thar uuirsira ist *omnis homo primum bonum vinum ponit, et cum inebriati fuerint, tunc id quod deterius est* 45,7. mittiu siu thanne fintit, gihalot friuntinna inti nahiston *cum invenerit, convocat amicas et vicinas* 96,5. mittiu ingengit fater thes hiuuisges inti bisliuzit thia turi, thanne biginnet ir uze stan inti clofon *cum autem intraverit pater familias et cluserit ostium, et incipietis foris stare et pulsare* 113,1. thar ist thanne uuoft inti zeno stredunga, mittiu ir gisehet Abrabam inti Isaac inti Iacob inti alle uuizogon ingangan in gotes richi, iuuuih uztriban *ibi erit fletus et stridor dentium, cum videritis Abraham et Isaac et Iacob et omnes prophetas intrare in regnum dei, vos autem expelli foras* 2. mit diu iu sin (*des Feigenbaums*) zuelga muruuui uuirdit inti bletir giboraniu, inti alle bouma mit diu sie frambringent iu fon in uuahsmon, uuizzit thaz iu nah ist sumar *cum iam ramus eius tener fuerit et folia nata, et omnes arbores cum producunt iam ex se fructum, scitis quoniam prope est aestas* 146,1. gihugi min mit diu thu cumist in thin rihhi *memento mei cum veneris in regnum tuum* 205,6 = T Fragm. S. 291,5; *ferner:* 88,2. 106,5. 108,4. 124,4. 131,11. 141,13. 145,4. 145,11 (2). 146,2. 152,1. 156,6. 173,1. 238,4 (*alle cum*); *hierher vielleicht auch:* khne*h*t kiperandi kneht kiperandi et*ho* mit diu knehd kiporan ist *puerperium puerum generans aut cum puer nascit* [*vgl. puerpera puella primi partus puerum generans u. puerperum cum puer nascitur, CGL V,138,43 u. 577,7*] Gl 1,233,28; – (*jedesmal, immer*) *wenn, so oft:* mit thiu thu betos, gang innan thina camara *cum orabis, intra in cubiculum tuum* T 34,2. (thine iungoron) ni uuasgent iro henti, mittiu se brot ezzant *non ... lavant manus suas, cum panem manducant* 84,1. mit diu er thiu eiganun scaf uzsentit, thanne uerit er in uora *cum proprias oves emiserit, ante eas vadit* 133,7; *ferner:* 44,15. 131,19 (*beide cum*); – *während:* mit thiu her tho sata, sumu fielun nah themo uuege *et dum seminat, quaedam ceciderunt secus viam* T 71,2. mittiu danne ih (*der Sieche*) quimu, ander eer mir nidarstigit (*in den Teich*) *dum venio enim ego, alius ante me descendit* 88,2. uuard tho, mittiu her betota, uuanta sin glinissi fora in, inti scein sin annuzi so sunna *factum est, dum oraret, transfiguratus est ante eos, et resplenduit facies eius sicut sol* 91,1 (*zu dum 'während' mit Konj. Imperf. vgl. Kaulen, Hb. z. Vulg. S. 297*). eno unser herza ni uuas iz brinnenti in uns mittiu her sprah in uuege inti gioffanota uns thiu giscrip? *nonne cor nostrum ardens erat in nobis dum loqueretur in via et aperiret nobis scripturas?* 229,1 (*zu dum mit Konj. Imperf. vgl. Kaulen a. a. O.*); *ferner:* 76,1. 111,2. 218,1. 221,2. 224,2. 230,1. 244,2 (*alle dum*); – *solange* (*als*)*:* vuis gihengig thinemo uuidaruuorten sliumo, mit thiu thu bist in uuege mit imo *esto consentiens adversario tuo cito, dum es in via cum eo* T 27,2. mit diu ir lioht habet, giloubet in lioht *dum lucem habetis, credite in lucem* 139,10; – *als, nachdem:* mit thiu ther heilant giboran uuard in Bethleem Iudeno burgi, in tagun Herodes thes cuninges, senu tho magi ostana quamun zi Hierusalem *cum ergo natus esset Ihesus in Bethleem Iudeae, in diebus Herodis regis, ecce magi ab oriente venerunt Hierusolymam* T 8,1 (*vgl. Ausg.* Masser). mit thiu sie heim vvurbun, uuoneta ther kneht Heilant in Hierusalem *cum redirent, remansit puer Ihesus in Hierusalem* 12,2. mit thiu her tho fasteta fiorzug tago inti fiorzug nahto, after thiu hungirita inan *cum ieiunasset quadraginta diebus et XL noctibus, postea esuriit* 15,2. êr thanne dih Philippus gruozti mit thiu thu uuari untar themo figboume, gisah thih *priusquam te Philippus vocaret, cum esses sub ficu, vidi te* 17,5. ther mit thiu her gihorta thaz ther heilant quam fon Iudeon zi Galileu, gieng zi imo *hic cum audisset quia Ihesus veniret a Iudea in Galileam, abiit ad eum* 55,2. uuard tho uuarlihho mit thiu sie fuorun, thaz her selbo gieng in suma burgilun *factum est autem dum irent, et ipse intravit in quoddam castellum* 63,1 (*zu dum in der Bed. u. Konstr. von cum vgl. Kaulen, Hb. z. Vulg. S. 247*). mittiu sie tho nahlichotun zi Hierosolimis inti quamun zi Betfage zi themo berge oliboumo, tho ther heilant santa sine zuene iungoron *cum adpropinquassent Hierosolimis et venissent Betfage ad montem Oliveti, tunc Ihesus misit duos discipulos* 116,1. thie cuning tho, mit thiu her thaz gihorta, arbalg sih *rex autem cum audisset, iratus est* 125,8. uuard tho, mit diu her uuidaruuarb intfanganemo rihhe, gibot tho thaz man gihaloti sine scalca *factum est, dum rediret accepto regno, et iussit vocari servos* 151,4 (*zu dum vgl. Kaulen a. a. O.*); *ferner:* 2,3. 5,7. 12,2. 18,3. 19,4. 19,7. 19,8. 20,1. 21,11. 22,5 (2). 43,3. 44,28. 47,1. 48,1. 49,2. 49,3. 53,1. 2. 53,13. 58,1. 60,12. 61,2. 64,1. 66,1. 68,1. 68,3. 72,3. 77,3. 84,1. 84,8. 88,2. 89,1. 89,4. 92,4. 92,6. 93,2. 97,4. 97,6. 99,1. 100,1. 101,1. 103,2. 104,3. 106,1. 106,3. 110,4. 107,2 (*alle cum*). 111,1 (*dum*). 111,1. 114,1. 114,2. 116,4. 116,5. 117,1. 117,2. 118,4. 120,5. 121,2. 123,1. 124,6. 128,8. 129,7. 132,4. 133,1. 135,17. 135,19. 135,26 (*alle cum*). 136,1 (*dum*). 137,2. 144,1. 145,1. 153,1. 155,2. 156,1. 158,3. 159,2. 159,3. 159,7 (2). 178,4. 180,3. 181,3. 182,4. 183,1. 185,6. 186,4. 187,4. 196,1. 197,7. 198,2. 202,3. 206,2. 210,5. 212,5. 216,1. 218,3. 218,4. 220,3. 221,3. 223,4 (*alle cum*). 228,3 (*dum*). 230,1. 230,6. 231,2. 231,3. 232,6. 236,6. 237,6. 238,1. 238,4. 239,1. 239,3 (*alle cum*); – *Glosse:* mit diu danne *dum tamen* Gl 1,106,23 (*Pa* danne diu uuidaru, *K* thanne);

β) *temporal-konditional: wenn:* salige birut ir, mit thiu iu fluohhont inti hazzont iuuih man inti ahtent iuuar inti quedent al ubil uuidar iu liogente, mit thiu sie iuuih ziskeident inti itiuuizzont inti aruuerphent iuuaran namon samaso ubil thuruh then mannes sun *beati estis cum maledixerint vobis et oderint vos homines et persecuti vos fuerint et dixerint omne malum adversum vos mentientes, et cum separaverint vos et exprobraverint et eiecerint nomen vestrum tamquam malum propter filium hominis* T 22,16. uue iu mit thiu iu uuolaquae//dent alle man: after thesen tatun luggen uuizagon iro fatera *vae cum bene vobis dixerint omnes homines: secundum haec faciebant pseudoprophetis patres eorum* 23,4;

γ) *instrumental: indem, dadurch daß:* mit diu [*quod autem calcari mundus ac despici debeat,*] *redemptor noster provida comparatione manifestat,*] *cum* [*protinus adiungit, Greg., Hom. I,1, PL 76,1079D*] Beitr. 52,161,2;

δ) *kausal: da, weil; da ja:* Ioseph tho ira gomman, mit thiu her reht man uuas inti ni uuolta sie meldon, uuolta tougolo sie forlazzan *Ioseph autem vir eius, cum esset iustus et nollet eam traducere, voluit occulte dimittere eam* T 5,7. mit thiu sie ni fundun in uuelihhemo teile inan brahtin thuruh thie menigi, stigun ubar thie theki *non invenientes qua parte eum inferrent prae turba, ascenderunt supra tectum* 54,3. milti minemo sune, uuanta einago ist mir, inti manodseoh ist, inti uoruuergit geist fahit inan inti cnusit; inti scumit inti gisgrimmot zenin inti dorret inti ubil druoet, mittiu her ofto fellit in fiur inti ofto in uuazzer *miserere filio meo, quia unicus est mihi, et lunaticus est, et spiritus adpraehendit eum, allidet et spumat et stridet dentibus et arescit et male patitur, nam saepe cadet in ignem et crebro in aquam* 92,2 (*zur sonstigen Übers. oder Nichtübers. von nam bei* T *vgl. Köhler, Tatianübers. S. 44 § 48*). mittiu her ni habata uuanan gulti, gibot inan ther herro zi uorkoufanne inti sina quenun inti kind *cum autem non haberet unde redderet, iussit eum dominus venundari et uxorem eius et filios* T 99,2; *ferner:* 127,3. 135,29. 135,30. 155,1 (*alle cum*);

ε) *konzessiv: obgleich, obschon, obwohl:* oba ir, mit thiu ir ubile birut, uuizzut guot zi gebanne iuuueren kindon *si ergo vos, cum sitis mali, nostis bona dare filiis vestris* T 40,7. vvuo mugut ir guotu sprehhan, mit thiu ir ubile birut? *quomodo potestis bona loqui, cum sitis mali?* 62,10. der uuas selanti inan mit thiu uuas ein fon then zuueliuin *hic enim erat traditurus eum, cum esset unus de duodecim* 82,12. uueo thu mit thiu Iudeisg bis trinkan fon mir bitis, mit thiu bin uuib samaritanisg? *quomodo tu Iudeus cum sis bibere a me poscis quae sum mulier Samaritana?* 87,2. uuo theser buohstaba ueiz, mittiu er sie ni lerneta? *quomodo hic litteras scit, cum non didicerit?* 104,4; *ferner:* 132,15. 134,7. 143,8. 189,2. 237,3 (*alle cum*).

3) mit thisu: *in der Funktion eines Pronominaladverbs: modal: damit. auf diese Weise:* in jugundi ward si (*Anna*) witua, mit thisu iralteta O 1,16,14; – *instrumental: damit:* ther liut mit thisu imo (*Pilatus*) analag, unz selban mitten then dag O 4,24,23; *Glosse:* mid thius *ubi* [*promissus est Xristus in ea qua crucifixus est carne venturus, zu: et iterum alia scriptura dicit: Videbunt in quem transfixerunt, Joh. 19,37*] Gl 4,304,26 = Wa 61,19 (*vgl.* Gallée, Sprachdenkm. S. 58).

4) mit iouuihtu + *Negation: in keiner Weise:* mit iawihtu alles wio iz nist O 3,6,52.

5) mit niouuihtu: *mitnichten, keinesfalls:* thaz man nan gifiangi, mit niawihtu er ningiangi O 4,16,20.

6) mit [h]uuiu: *in der Funktion eines interrogativen Pronominaladverbs: womit:* diu sela stet pidungan, niuueiz mit uuiu puaze: so uerit si za uuize S 69,62. mit hiu uuaten uuir unsih? *quo operiemur?* T 38,6. thu nu ni habes mit hiu scefes *neque in quo haurias habes* 87,3. oba iz zi thiu wirdit, thaz thaz salz firwirdit: wer findit untar manne, mit wiu man gisalze iz thanne? [*vgl. in quo salietur? Matth. 5,13*] O 2,17,8. mit suorgon ouh ni ratet, mit wiu ir iuih watet [*vgl. ne solliciti sitis … corpori vestro, quid induamini, Matth. 6,25*] 22,6, *z. gl. St.* T 38,1. mit uuiu got tia uuerlt rihte *quibus gubernaculis mundus regatur* Nb 48,24 [39,14]; *ferner:* O 2,5,2. 5,1,12. Nb 46,10 [37,13]; *hierher vielleicht auch:* mit hiuuig fustibist *quomade* Gl 1,298,5 (*ist nicht sicher gedeutet. Steinm. z. St. schlägt vor:* mit huuiu fartiloti *quomodo* [*occidisset, 3. Reg. 19,1*], *Schreiber, Glossen S. 216 schließt sich an Gallée, Vorstud. S. 437* (*u. 581*) mit huuiu gifellidis *an.*

D. *Belege, die nicht (sicher) zugewiesen werden können*

I. *nicht (sicher) zuordenbar, Glossenwort: mit:* inu inu edo anti mit *en ecce vel et cum* (*verderbt aus eccum? Vgl. Splett, Stud. S. 189*) Gl 1,124,11. doh ih mit *si linguis* [*hominum loquar, et angelorum, 1. Cor. 13,1*] 809,75 (*2 Hss. ohne* mit). mit [*quod iuxta Pauli vocem bene illa tabernaculi arca significat, in qua*] *cum* [*tabulis virga simul et manna est: quia*] *cum* [*scripturae sacrae scientia in boni rectoris pectore, si est virga districtionis, sit et manna dulcedinis, Greg., Cura 2,6 p. 23*] 2,165,7. mit [*caput enim ericii cernitur: quia*] *quo* [*initio ad culpam peccator accesserit videtur, ebda. 3,11 p. 48*] 168,66. mit [*singulariter quippe canticum agno cantare, est*] *cum* [*eo in perpetuum prae cunctis fidelibus etiam de incorruptione carnis gaudere, ebda. 3,28 p. 83*] 174,57. mit [*at contra admonendi sunt impuri, ut quam gravis sit, quem*] *cum* [*culpa sustinent, duplicitatis labor agnoscant, ebda. 3,11 p. 47*] 239,2. mit [*est … speciale duplicium malum: quia dum*] *perversa* [*et duplici actione ceteros fallunt, ebda. p. 48*] 12. mit [*hoc destinatum, quo magis ius Christiani nominis, quodcunque terrarum iacet,*] *uno* [*inligaret vinculo, Prud., P. Laur. (II) 432*] 587,56 = Wa 101,16. mit [*luciferi primo*] *cum* [*sidere frigida rura carpamus, Verg., G. III,324*] 639,16. mit so *quam* [*multa grandine nimbi in vada praecipitant, ders., A. IX,669*] 665,64. miti kipurt *penes* [*apud; penes natura pudentia vel membrum virile, CGL IV,550,1. 2*] 4,12,14 (*der Glossator hat zwei Glossen in eine zusammengezogen, penes apud wurde mit* miti *glossiert, penes natura … mit* kipurt, *vgl. Ahd. Wb. 1,1562 s. v.* giburt[1] 4a *u. Krotz S. 472,408*). mid [*respondit Ioannes, dicens omnibus: Ego quidem*] *aqua* [*baptizo vos: veniet autem fortior me, cuius non sum dignus solvere corrigiam calceamentorum eius: ipse vos baptizabit in spiritu sancto, et igni, Luc. 3,16*] 296,44 = Wa 54,35. ideo aduersus me congregamini in tenebris, quia potestas uestra in tenebris est, qua mid contra lucem mundi armamini [*zu: potestas tenebrarum, ebda. 22,53*] 299,44 = Wa 57,12 (*vgl.* Gallée, Sprachdenkm. S. 49). nec moueat quemquam quomodo spongiam ori *eius* potuerunt admouere, qui exaltatus est a terra in cruce. Sed licet hic pretermittatur, alius euangelista refert spongiam superpositam esse arundini, *darüber* endi that man sia mid ysopo bilaggi [*Randgl. zu: illi autem spongiam plenam aceto, hyssopo circumponentes,*] *obtulerunt ori eius* [*Joh. 19,29*] 304,23 = Wa 61,15 (*vgl.* Gallée, Sprachdenkm. S. 58). mit [*illa trahens animum*] *per* [*gaudia mixta pudore suppressae vocis pavitantia dicta volutat, Juv. 1,94*] 336,15. mit [*sed tamen ad ostium tabernaculi mulieres excubant, quia sanctae animae etiam*] *cum* [*infirmitate adhuc carnis gravantur, amore tamen continuo ingressum aeterni introitus observant, Greg., Hom. I,17, PL 76,1144A*] Mayer, Glossen S. 52,16.

II. *Fehlübersetzung, Vokabelübersetzung:* mit wipzirde [*multiplicatam quasi germen agri dedi te (Jerusalem): et multiplicata es, et grandis effecta, et ingressa es, et pervenisti ad*] *mundum muliebrem* [*Ez. 16,7*] Gl 1,644,52 Anm. 14 (mit *ausgestrichen, 1 Hs. ohne* mit, *1 nur* wîpblüete, *6 Hss. nur* wîbzierî). *mit* urlaupi [*qui mox a facie domini exiit, atque a planta pedis usque ad verticem acceptum feriendo vulneravit, quia nimirum*] *cum licentiam* [*percipit, a minimis incipiens, atque usque ad maiora perveniens, quasi omne corpus mentis illatis tentationibus lacerando transfigit, Greg., Mor. in Job 3,29, PL 75,627C*] Glaser, Griffelgl. S. 171,90a. got mit so thu giengi an geginuuirdi folkis thinis, so thu thurolithi an uustinon *deus cum egredereris in conspectu populi tui cum pertransieris in deserto* Pw 67,8 (*zur doppelten Übers. von cum vgl. van Helten S. 36 Anm. 8*).

III. *bruchstückhafter Text:* *huuant*a iudealiuti nides folle abanstotun .. *uuar*un dea heitniscun deotun mit .. *uuor*tu *quando Iudaei repleti sunt zelo et invidia, et contradicebant praedicanti Paulo gentibus cum fiducia verbum dei* F 31,12.

2. Teil

Adverb

A. *alleinstehend*

I. *dabei:* so hwer so farah in felđe, đaar hirti mit ist, forstilit *si quis porcellum in campo inter porcos, ipso porcario custodiente, furaverit* S 56,29 (*zu* đaar *vgl. Ahd. Wb. 2,205*). [Is Ar endi Sol ... endi Man midi Wa 20,12.] sumeliche chedint substantia . daz ter ist . accidens daz tar mite ist Nk 397,22 [39,10] (*zu* tar *vgl. Ahd. Wb. 2,245*).

II. *damit:* fliucari daz man im (*den Fliegen*) mit uuarit *muscarium* Gl 1,146,1. unta imo sin gesiune mite gap S 386,LXXIII,4. in thiu man thaz irweliti, man arme miti neriti O 4,2,23. unde gnuoge getrunchin gerno so suozes uuazeres . unde uuaren die sih uuolton gerno mite gebahet . unde gebadot uuerden *nec deerant qui eadem foveri abluique limpha* Nc 708,8 [24,5]. homo unde animal sezzent iro qualitatem umbe dia substantiam . i. umbesezzent . unde umberingint mite dia substantiam *genus autem et species circa substantiam qualitatem determinant* Nk 390,31 [31,21]. sundige habent iro bogen gespannen . unde habent alegaro iro strala in iro chochere . daz sie tougeno mite skiezen . die rehte sint in iro herzen NpNpw 10,3. so uuir mite iomannen geiihten uuellen so heizent siu . gruezeda . pietunga . alde uerrolih kechose . alde ursuoh *quae tunc tantum propositio vel proloquium nuncupanda sunt . quando his aliquid conficere volumus* Ns 615,12 [297,4]; *ferner:* 613,16 [294,1].

B. *in Verbindung mit einem weiteren Adverb*

thâr (...) mit, miti, mitti *s.* thâr 2. Teil XVIII, *Ahd. Wb. 2,229–232, u.* thăr *as.* B 6, *Ahd. Wb. 2,258.*

Vgl. bit *mfrk., andfrk.*

[Woitkowitz]

mit- *s. auch* mitt-.

mitallo-, -u *s.* al B I 1a, *Ahd. Wb. 1,123 f., u.* mit 1. Teil C I 1bγ.

-mitanlîhho *vgl.* unfirmitanlîhho.

mitd- *s.* mitt-.

mit dallo W 61,1 (*BCFK*) [119,32] *s.* al B I 1a, *Ahd. Wb. 1,124, u.* mit 1. Teil C I 1bγ.

mitdewocha Gl 3,397,1 *s.* mittiuuehha.

mitel- *s.* mittel-.

mitemin Nk 400,29 (*Hs. A = S.* CXIX,3) [42,19 Anm.] *s.* mittamo.

miteuurz *s.* met(u)uuurz.

mitftigern Gl 2,12,33 *s.* mittigerni.

mitgerni *s.* mittigerni.

mitgibûr *st. m.*; *mnl.* medegebuur; *vgl. mhd.* mitenâchgebûr, *mnd.* mēdebûr.

mit-ki-buorun: *dat. pl.* Gl 1,402,32 (*M, clm 14689, Hs. 12. Jh.*).

Familienmitglied, Stammesgenosse: mitkibourun [*rogavit me David, ut iret celeriter in Bethlehem ... quia victimae sollemnes ibi sunt universis*] *contribulibus* [*suis, 1. Reg. 20,6*] (*6 Hss.* gibûr, *5* kunniling, *1 Hs.* kündic *mhd.*).

mith(-) *s. auch* mit(-).

mithil Gl 1,297,5 *s.* ?mittiuuil(li).

miti *s.* mit.

mitifaran *s.* miti-faran.

mitifliohan *s.* miti-fliohan.

mitifuoren *s.* miti-fuoren.

mitigân *s.* miti-gân.

mitigenga *sw. f.* – *Graff IV,103 s. v.* mitigango.

miti-kangun: *nom. pl.* Gl 1,289,17 (*Rd*).

mitikantun Gl 1,289,17 (*Jb*) *s.* miti-gân.

(*zum Gefolge gehörende*) *Dienerin:* mitikangun fuazfolgun [*Abigail ... ascendit super asinum, et quinque puellae ierunt cum ea,*] *pedissequae* [*eius, 1. Reg. 25,42*] (mitikantun *Jb*).

Vgl. mitigengo.

mitigengo *sw. m.* – *Graff IV,103 f.*

mite-gengon: *dat. pl.* Nc 731,24 [48,12].

(*zum Gefolge gehörender*) *Diener:* ih uueiz uuola . uuio antfanglih io dir sin . iro unerdrozenen arbeite . unde uuio si bezelet si ze dinen mitegengon *novi quippe quam eiusdem virginis incessabilis tibi labor semper acceptus . et ut tuis numeretur illa pedissequis* [*vgl. tuo famulitio, Rem.*].

Vgl. mitigenga.

mitijehan *s.* miti-jehan.

mitikangun Gl 1,289,17 *s.* mitigenga.

mitikantun Gl 1,289,17 *s.* miti-gân.

mitil *s.* ?mittiuuil(li).

miti[h]loufan *s.* miti-[h]loufan.

mitinis, *so die emendierte Lesung der Ausg. van Heltens aus der unklaren überlieferten Form* uuitinis, *zu:* [*ignis et sulphur et spiritus procellarum pars*] *calicis* [*eorum, Ps. 10,7*] Gl L 97 [790] *ist nicht sicher deutbar; zu verschiedenen Deutungsversuchen vgl. Ausg. Quak S. 108, nach Kyes, Dictionary S. 124 zu* ?uuītin *aostndfrk. st. n. 'Bestrafung, Kelch', vgl. auch Onl. Wb. online s. v.* wītan.

mitirîta *sw. f.*; *vgl. mhd.* miterîter *st. m., mnd.* mitrîdere *pl., an.* međreið *f.* (*in anderer Bed.*).

mite-ritvn: *acc. sg.* Np*X*gl 118 Epil. (*X = S.* IX,20, *vgl. dazu Korr.* K.-T. 10,481a,19).

mitterita Gl 2,5,10 *s. dort.*

Begleiterin: den willen nemme niemen hohvart . wan er scheinet niht inuidiam (nit) superbię (hohverte) *pedissequam* (miteritvn, *fehlt Ausg. Piper*) (Npw 118 De ps. gr. 2 kamaruuîb).

mitisindôn *s.* miti-sindôn.

mitislâf *st. m.*; *vgl. mhd.* miteslæfel *st. m.* – *Graff VI,801 f.*

mite-slaf-: *dat. sg.* **-e** Nc 830,17 [151,1] (-â-); *acc. sg.* **-]** Npgl 21,7. 98,9.

Beischlaf: do becham iro ouh iro suiger Maia . Athlantis tohteron sconista . burlichiu harto . fone Iouis miteslafe *tunc etiam supervenit candidior Athlantidum . Iovis congressu . i. concubitu* Nc 830,17 [151,1]. daz er natus (keborn) uuard ... sine maritali coniugio (âna charilis miteslaf) . natus de uirgine (keboren fone magede) Npgl 98,9; *ferner:* 21,7 (Np *concubitus*, Npw hîleih).

mitisuuâsên *s.* miti-suuâsên.

mititerien *s.* miti-terien.

mitiuuâra *s.* mit(i)uuârî.

mit(i)uuâri *adj., mhd.* mitewære; *zur Bildg. vgl. Idg. et. Wb. I,1165. – Graff I,918.*

miti-uuar-: *Grdf.* **-i** Gl 3,3,39 (*Voc.*); *nom. pl. m.* **-e** 1,84,24 (*K*); *dat. pl.* **-eem** S 200,22 (*B; -vv-*); *acc. pl. m.* **-en** Npw 149,4; **mite-:** *Grdf.* **-e** S 124,18. 125,27. W 101,1 (*BCFK, F -w-, -o zu -e korr.*). 5 (*BCFK*) [181,24. 32] (*oder beide nom. sg. f.*); *acc. sg. m.* **-en** Npw 40,13; *nom. pl. m.* **-e** Npgl 75,10; **-en** Npw 24,10. – **mithe-war-:** *nom. sg. f.* **-a** WA 101,1; **-e** 5 (*oder Grdf.*); **miede-were:** *Grdf.* Gl 3,385,17 (*Jd*).

mit-uuar-: *Grdf.* **-i** Gl 1,206,26 (*K*). 4,332,7 (*fragm. S. Emm., Hs. 9. Jh.*); *nom. pl. m.* **-e** 1,84,24 (*Pa*); *acc. pl. m.* **-un** I 32,19.

sanftmütig, freundlich, angenehm: mituuare *comiter* (*Hss. comites*) Gl 1,84,24 (*zur Verschr. u. Übers. vgl. Splett, Stud. S. 148*). *mansuetus* 206,26. 3,3,39. 385,17. mituuari [*is qui*] *mitis* [*resurrexit ex morte, quam districtus in iudicio veniat, Greg., Hom. II,26 p. 1558*] 4,332,7. ein tier heizzit pantera un ist·miteuuare *est et animal, quod dicitur panthera ... et mansuetum valde* S 124,18. arheuit dhea mituuarun in Iesuse (*dominus*) *exaltabit* (*vgl.* Eggers, Is. S. 58,549) *mansuetos in Iesu* I 32,19. vnekihafteem indi vnstilleem scal hartor drauuen horsamem k*euuisso* indi mitivvareem .. dultigeem daz in pezzira framkangeen pisuuerran *oboedientes autem et mites et pacientes ... obsecrare* 200,22. beati *mites* (salig sint miteuuare) Npgl 75,10. also die miteuuaren tuont Npw 24,10 (Np *mites*, Npgl mamminte). scone bist du, min fruintin, miteuuare unte ziere alse Hierusalem *pulchra es, amica mea, suavis, et decora sicut Ierusalem* [*Cant. 6,3*] W 101,1 [181,24]; *ferner:* S 125,27 (*mansuetus*). Npw 40,13 (Np *mitis*). 149,4 (Np *mansuetus*). W 101,5 [181,32].

Abl. mit(i)uuârî; *vgl.* unmit(i)uuâri.

mit(i)uuârî *st. f., auch* **mitiuuâra** *st. f., mhd.* mitewære, mitewâre. – *Graff I,918.*

mit-uuari: *nom. sg.* Gl 1,8,10 (*PaK*); **-uari:** *dass.* ebda. (*Ra*).

miti-uuar-: *nom. sg.* **-i** Npw 33,21; *dat. sg.* **-ii** S 280,18 (*B*); **mite-:** *nom. sg.* **-e** 169,2,14; *acc. sg.* **-i** 1,31.

Mit Übergang in die ô-Dekl. (*vgl. Braune, Ahd. Gr.*[15] *§ 231 Anm. 2*)*:* **mita-uara:** *nom. sg.* Mayer, Glossen S. 87,23 (*clm 14349, 11. Jh.*).

1) *Sanftmut, Sanftheit:* mitauara [*dum ergo in alio sapientia, in alio iustitia, in alio sanctitas, in alio*] *mansuetudo* [*... reperitur, Cassian, Inst. V,4 p. 208A*] Mayer, Glossen S. 87,23. er (unser herro) gab in (sinen iungerin) den kiuualt prediginnis unte hiez siu haben die miteuuari des lampis S 169,1,31. dei uuerh, dei man dar inna uuurchen scol, daz ist diu miteuuare, diu chuske, diu kidult ... unte andere tugendi desin keliche [*vgl. species iustitiarum ... ut puta mansuetudo, castitas, patientia, BH, Schmid II,9,36*] 169,2,14. .. mitiuuarii .. illantlihho .. vvalme .. *cum omni mansuetudine timoris dei reddat responsum festinanter cum fervore caritatis* 280,18; *ferner:* Npw 33,21 (Np *mansuetudo*).

2) *Eintracht:* mituuari *armonia* Gl 1,8,10.

mitiuuerfan *s.* miti-uuerfan.

mitiuuesan *s.* miti-uuesan.

mitiuuist *st. f., mhd.* mitewist; *ae.* midwist. – *Graff I,1061 f.*

mite-uuist: *nom. sg.* S 153,35 (-w-); *gen. sg.* **-]e** Nc 785,15 [102,19]. Nk 488,7 [134,16]. NpNpw 106,42. 118 G,53. Npgl 100,6. W 100,7 (*BCFK*) [181,14]; *dat. sg.* **-]e** Nb 198,18 [165,2]. Nc 773,13 [90,1]. Nk 490,21 [137,13]; *acc. sg.* **-]** 397,23/24. 398,6. 495,13 [39,12. 39,25. 143,3]. – **mithe-wiste:** *gen. sg.* WA 100,7.

Verstümmelt: **mite-uuist.:** *gen. sg.* (*oder pl.?*) Nc 688,7 [3,1] (*vgl.* K.-T. Anm.).

1) *Zusammensein:*

a) *Gemeinschaft, Miteinander:* da (*im Himmel*) ist diu ueste wineskaft ... daz gotes ebenerbe, sin wunniglich mitewist, diu lussamiste anesiht S 153,35. to suochta si ... ube iro dero snello uuine . ze gemachero miteuuiste gespirre uuerden solti . after gehileihlichemo gelimfe *apto sibi foedere copuletur . ex nuptiali congruentia* Nc 773,13 [90,1]. rehte gesehent daz . unde freuuent sih is . freuuent sih iro miteuuiste [*vgl. gaudebunt, quia fidelem respiciunt suis coetibus acquisitum, Cass.*] NpNpw 106,42. (getriuuuen anasidelingen dero erdo) iro *consortii* (miteuuiste) lustet mih Npgl 100,6. leistet imo truiuua, ut nihil illi praeferatis, so leistet er iu die gnada sinero miteuuiste W 100,7 (*BCFK*) [181,14]; *ferner:* Nc 785,15 [102,19] (*coetus*). NpNpw 118 G,53;

b) *Zusammenwohnen, -leben:* miteuuist meinet *nihil enim aliud uxorem habendo significamus nisi quia cohabitat* Nk 495,13 [143,3];

c) *geschlechtliche Vereinigung:* ze dero sagun bitet er helfo . unde heilesodes Himeneum den alte liute habeton fure higot . unde fure machare allero naturlichero miteuuiste [*vgl. qui fertur deus esse nuptiarum .i. naturalium conceptionum, Rem.*] Nc 688,7 [3,1] (*z. St. vgl. Glauch, Mart. Capella S. 294 f.*).

2) *als philosophischer Terminus bei Notker für das Zusammen-Vorkommen: zur Wiedergabe von lat. consequentia 'Aufeinanderfolge'* (*vgl. Jaehrling S. 123 u. Kelle, Philos. Kunstausdrücke S. 41 f.*)*:* tero diu umbegang habint iro miteuuiste . ih meino daz iouuederez note mit andermo ist *eorum enim quae convertuntur secundum essentiae consequentiam* Nk 488,7 [134,16]; *ferner:* 490,21 [137,13] (*consequentia*); *– zur Wiedergabe von lat. accidens 'zufällige unwesentliche Eigenschaft, Akzidenz'* (*vgl. Jaehrling S. 48 u. Kelle a. a. O. S. 32*)*:* sumeliche chedint substantiam uone uuesenne uuist . *accidens* miteuuist Nk 397,23/24 [39,12]; *ferner:* 398,6 [39,25] (*accidens*).

3) *Teilhabe:* unde al daz kuot ist ... so diu ungeeinotiu finuiu sint . gihest tu daz kuot sin . fone guotes miteuuiste . so unum ist . alde negihest? *sed omne quod bonum est . boni participatione . bonum esse concedis . an minime?* Nb 198,18 [165,2].

mito Gl 2,623,34 *s.* metu.

mitsaman(t) *praep., mhd.* mitsam(ent), *nhd.* mitsamt; *afries.* mithsomt; *vgl. mnd.* mitsāme(n)t *adv.*; *zur Bildg. vgl. Krömer, Beitr. (Halle) 86,449 f.*

mit-saman: Gl 1,714,46.

mit-samit (*getrennt geschr.*)**:** S 173/174 (*vgl.* ZfdA. 135,168,63). ebda. (*vgl.* ZfdA. 135,169,76/77). Npw 141,6.

zusammen mit, komitativ, mit Dat. (*vgl.* mit A II 2)*:* herro. la sia hine faran mit samit ira be*te*. uuande si nah uns har*et domine, dimitte eam, quia clamat post nos* S 173/174 (*vgl.* ZfdA. 135,169,76/77). hiuto ferist du mit samit mir in daz paradisum Npw 141,6 (Np *hodie mecum eris in paradyso*); *ferner:* S 173/174 (*vgl.* ZfdA. 135,168,63); *– auch mit lokalem Einschlag: bei* (*vgl.* mit A III 1aε)*:* uui*o* lango ni habet ir mih mitsaman iu [*o generatio incredula, et perversa,*] *quousque ero vobiscum?* [*Matth. 17,16*] Gl 1,714,46 (*1 Hs. nur* samant).

mitsceltun Gl 1,817,23 *s.* mit *u.* skelta.

..mi..tt Nievergelt, Glossierung S. 807,6 (*clm 18547b, 10./11. Jh.; nach* -mi- *könnte* u *oder* ti *stehen*) *zu: libellum* [*quem de sancti Martini scripseram, Sulp. Sev., Mart. 1 p. 109,2*] *ist nicht gedeutet.*

mittamo *sw. m. n.* (*zur urspr. Superl.-Bildg. vgl. Wilm., Gr.* 2^2 *§§ 230 Anm. 2. 324*), *mhd.* mittemen *adv.*; *vgl. mhd.* enmitten, *nhd.* inmitten, *got.* miduma *f. – Graff II,672.*

Alle Belege im Dat. Sing.

mittamen: T 189,4.

mittem-: -en Thoma, Glossen S. 13,27 Anm. 7 (*die falsch zugewiesene Gl. getilgt, vgl. a. a. O. u. Meineke, Stud. S. 151*). T 77,4. O 3,17,52. Nb 178,1. 278,7. 280,4 [150,6. 215,10. 216,18/19]. Nc 751,18. 752,3. 810,6 [67,2. 67,13. 129,5]. Ni 506,20 [12,10]. 568,18 [84a,6] (*nach Sehrt, N.-Wortsch. S. 369 Akk. Sing., doch vgl. ders., N.-Glossar S. 136 u.* in 1. Teil A I 3, *Ahd. Wb. 4,1508 ff.*). Np 81,1; **-in** Nk 400,29 (*Hs. B*). 402,11 [42,19. 44,7]. – **mitemin:** Nk 400,29 (*Hs. A = S.* CXIX,3) [42,19 Anm.].

mittim-: -en T 230,2. 233,5; **-in** Npgl 103,10.

Mitte, nur in Präpositionalverbindungen:

a) in mittamen *in der Mitte:* in mittemen *medio* [*fälschlich zu: vocavitque Iacob nomen loci illius*] *Phanuel* (*facies dei*) [*, dicens: Vidi deum facie ad faciem, Comm. in Gen. = Gen. 32,30, statt wohl zu: posuit … liberos … in principio: Liam … et filios eius in*] *secundo loco* [*: Rachel … et Ioseph novissimos* [*Comm. in Gen. = ebda.*] Thoma, Glossen S. 13,27 Anm. 7. erstuont ther herosto thero heithaftono in mittamen, frageta then heilant *surgens princeps sacerdotum in medium interrogavit Ihesum* T 189,4. (*die Ehebrecherin*) thar in mittemen stuant [*vgl. mulier in medio stans, Joh. 8,9*] O 3,17,52. tia samohafti (*sc. der Welt*) ouget er (*Martianus*) mit temo eiie . daz er ze uzerost chit temo himele gelichez . unde in mittemen dero erdo . unde underzuisken dero lufte Nc 810,6 [129,5]. die casus uerbi . die bezeichenent tiu zuei tempora . diu umbe daz presens stant. Prȩteritum unde futurum . stant in eben . presens . stat in mittemen Ni 506,20 [12,10]. taz contradictorium sezzen in mittemen alsus 568,18 [84a,6]. ter reiz . ter marchot sia (*die Fläche*) in mittemin . der ortot sia ouh an dien enden Nk 402,11 [44,7]. in mitti dero bergo rinnent hina diu uuazzer. Dero apostolorum lera ist kemeine. Daz medium ist . daz ist commune (souuaz in mittimin . ist . daz ist kemeine) *inter medium montium pertransibunt aquae* Npgl 103,10; *ferner:* T 233,5 (*in medio*). Nb 278,7 (*medius*). 280,4 [215,10. 216,18/19]. Nc 751,18. 752,3 [67,2. 67,13]. Nk 400,29 [42,19]. Np 81,1 (*in medio*); *– mit Gen.: inmitten, in der Mitte:* quam ther heilant inti stuont in mittimen sinero iungorono *venit Ihesus et stetit in medio discipulorum suorum* T 230,2. ih meino dia sunnun ganda an mittemo himele . unde in mittemen ganda dero septem planetarum [*vgl. sol enim medius est inter planetas, Rem.*] Nb 178,1 [150,6];

b) fona mittamen *aus der Mitte:* uzgangent engila inti arskeident ubile fon mittemen rehtero *exibunt angeli et separabunt malos de medio iustorum* T 77,4.

Vgl. metam *adj.*, ?mittĕn *adv.*

? **mittar** *st. m. s.* ?mittêr.

mittarôsto *sw. m.* (*substant. Superl., vgl.* mitter *mhd. adj.*). *– Graff II,671 s. v.* mittar.

mittarosto: *nom. sg. m.* Gl 3,9,45 (*C*).

Mittelfinger: medius (*zwischen Bez. für Finger*).

Vgl. metamôsto, mittilâri, ?mittêr *oder* ?mittar.

mittartag *st. m., nhd. dial. tirol.* mittertâg *Schatz, Tirol. Wb. 2,429.*

mitter-tage: *dat. sg.* Gl 1,579,66 (*M, clm 22201, 12. Jh.; nach Matzel S. 45 verschr.*).

Mittag: mittertage [*oculi domini super timentes eum, protector potentiae, firmamentum virtutis, tegimen ardoris, et umbraculum*] *meridiani* [*Eccli. 34,19*] (*5 Hss.* mittitag̃gî, *1 Hs.* mittilatag̃gî).

Abl. mittartagalîh.

Vgl. mittilatag, mittilatag̃gî, mittitag, mittitag̃gî.

mittartagalîh *adj.*

Alle M u. im Dat. Sing. Mask. Neutr.

mitter-: -tagi-lihemi Gl 1,520,47 (*clm 6217, 13. Jh.;* -tt^s-); **-tege-lichin** 48 (*clm 22201, 12. Jh.;* -tt^s-); **mittir-tage-lichimo:** 46/47 (*clm 4606, 12. Jh.*).

mittäglich: mittitagalihhemo [*non timebis a timore nocturno, a sagitta volante in die, a negotio perambulante in tenebris: ab incursu, et daemonio*] *meridiano* [*Ps. 90,6*] (*9 Hss.* mittitagalîh, *2* mittitag, *1 Hs.* mittitagîg).

Vgl. mitteltagelich *mhd.*, mittitagalîh.

mitte *s. auch* mit.

mitte Mayer, Glossen S. 76,15, *neu gelesen als* mit ten Glaser, Griffelgl. S. 230,181 *s. unter* mit *u.* ther, thiu, thaz.

mitte- *s. auch* mitti-.

mitteduergi Gl 1,442,49 *s.* mittithuuerahî.

mittel(-) *s.* mittil(-).

mittelboum *s.* middilbôm *as.*

mittelklette *mhd. sw. f.*

mitel-cletten (*mit* -n *aus den obliquen Kasus*)**:** *nom. sg.* Gl 3,542,46/47; **-kleten:** *dass.* 536,45; *beide Vat. Pal. 1259, 13. Jh.*

Große Klette, Arctium Lappa L. (*? Vgl. Marzell, Wb. 1,374 f. 377, Loewe, Beitr. 61,214*)*:* mitelkleten *bardana .i. lappa inversa* Gl 3,536,45 (*1 Hs.* grôz letih *bardana .i. lappa maior*). *lappa inversa* 542,46/47 (*1 Hs.* breitleteche *mhd.*).

mitteltagelich *mhd. adj.*

mitel-tagh-lichemo: *dat. sg. m.* Gl 4,275,32 (*M, Goslar 2, 14. Jh.; zum hdschr. Befund s. u.*).

mittäglich: miteltaghlichemo basiliscu*n* (*Hs.* miteltagh. basiliscū lichemo; *vgl.* basiliske *mhd.*, *Nachtrag*) [*non timebis a timore nocturno, a sagitta volante in die, a negotio perambulante in tenebris: ab incursu, et daemonio*] *meridiano* [*Ps. 90,6*].

Vgl. mittartagalîh, mittitagalîh.

mittemen *s.* mittamo.

mittemo S 341,19/20 *s.* mit *u.* ther.

? **mittĕn** *adv.* (*zur Bildg. vgl. Wilm., Gr.* 2^2 *§ 443 Anm. 4, Behaghel, Synt. 2,32 u. DWb. VI,2415*), *mhd. nhd.* mitten; *mnd. mnl.* midden; *afries.* midda. – *Graff II,670.*

mittin: Gl 1,703,6 (*M, clm 22201, 12. Jh.*); *bei Zuordnung zu* mitti *adj.*, *so Gl.-Wortsch. 6,418, wäre eine stark flekt. Form zu erwarten.*

mittinz: Gl 1,703,6 (*M, Göttw. 46/103, Gll. 12. Jh.?*); z *enklitisches* thaz, *vgl. Parallelhs., oder* mittinz *verschr. aus* mittaz, *vgl. Parallelhss. s. v.* mitti, *kaum zu* mittar, *so Gl.-Wortsch. 6,417.*

Oder beide Belege zu mitti *st. n.*, *vgl. Bed.teil?*

in der Verbindung thuruh mittĕn *mitten durch* (*vgl. DWb. VI,2381*): durah mittinz (*1 Hs.* durh mittin thaz) lant *per mediterranea* [*fugiens ... venit Antiochiam, 2. Macc. 8,35*] (*2 Hss.* mittaz, *2* mittiz, *s.* mitti; *1 Hs.* mitteriz, *s.* mitter *mhd.*); *oder liegt* thuruh mitti in thaz lant *zugrunde?*

gi-**mitten** *sw. v.*; *vgl. mhd.* mitten.

gi-mitt-: *3. pl.* **-enth** Gl 1,517,66 (*M, clm 22201, 12. Jh.; zu* -nth *vgl. Matzel S. 126*); *part. prt.* **-it** 504,13 (*M, clm 22201, 12. Jh.*).

1) *halbieren:* gimittit wirt [*si numerus mensium eius*] *dimidietur* [*Job, 21,21*] Gl 1,504,13 (*3 Hss.* gimittifer(a)hen, *2* ?mittiferahên).

2) *die Mitte von etw. erreichen* (*vgl. auch DRWb. 9,799 f. s. v.* mitten)*:* gimittenth [*viri sanguinum, et dolosi non*] *dimidiabunt* [*dies suos, Ps. 54,24*] Gl 1,517,66 (*9 Hss.* gimittifer(a)hen, *1 Hs.* gimittithuuerahen, *1* ?gimittiuuerdan).

Vgl. gemiddelon *aostndfrk.*

mitter *mhd. adj.* (*zur Bildg. vgl. Wilm., Gr.* 2^2 *§ 323,4*), *nhd.* (*älter*) mitter. – *Graff II,671.*

mitteriz: *acc. sg. n.* Gl 1,703,5 (*M, clm 17403, 13. Jh.; oder verschr.* (*?*), *s. u.*).

mittir Gl 3,607,21, mittera Nm 851,7 [331,4/5] *s.* mitti *adj.*

in der Mitte befindlich: durch mitteriz lant *per mediterranea* [*fugiens ... venit Antiochiam, 2. Macc. 8,35*] (*2 Hss.* mittaz, *2* mittiz, *s.* mitti; *1 Hs.* mittinz, *1* mitten thaz, *s.* ?mittĕn).

Vgl. mittarôsto, ?mittar *st. m.*

? **mittêr** *st. m.* (*substant. adj.* mitti) *oder* ? **mittar** *st. m.* (*substant. adj.* mittar, *s. unter* mitter *mhd.*), *mhd.* mitter (*in anderer Bed.*).

mitter: *nom. sg.* Gl 4,71,44 (*Sal. a1, Adm. 3, Gll. 11./12. u. 12. Jh., Ink., 15. Jh.*).

Mittelfinger: impudicus (*vgl. W. Grimm, Kl. Schr. S. 438 f.*).

Vgl. metamôsto, mittarôsto, mittilâri.

mitter(-) *s. auch* mittar(-).

mitterita Gl 2,5,10 (*Fulda Aa 2, 9. Jh.*) *in:* mitterita *parasita .i. custos concubinarum. inde derivatur pasitastester zu:* [*formae igitur diminutivorum quot sunt? ... Masculini generis ... Ut: Agniculus, ... homuncio,*] *parasitaster* [*, aculeus, nepotulus, Alc., Gr. p. 861*] (*vgl.* Gl 5,99,11) *ist nicht gedeutet; lat. parasitaster ist Demin.-Bildg. zu parasita, hier in der Bed. 'Bewacher(in?) der Nebenfrauen'; das Ahd. Gl.-Wb. S. 420 erwägt eine Zuordnung zu* mittilâri *st. m. 'der Mittlere, Mittelfinger', vgl. dazu aber Riecke, Med. Fachspr. 2,185; im Gl.-Wortsch. 9,469 wird eine Weiterbildung zu* terren *sw. v. 'schaden' angenommen u.* mititerren *sw. v. 'schmarotzen' angesetzt; oder ist der Beleg zu* mitirîta *sw. f. 'Begleiterin' zu stellen?*

mittero Mayer, Glossen S. 75,4, *neu gelesen als* mit teru Glaser, Griffelgl. S. 165,82 *s. unter* mit *u.* ther, thiu, thaz.

mitti *adj.*, *mhd.* mitte, *nhd.* (*älter*) mitt; *as.* middi; *afries.* midde; *ae.* midd; *an.* miðr; *got.* midjis. – *Graff II,667 ff.*

mitt-: *Grdf.* **-i** Gl 1,188,22 (*PaK*). 3,205,11 (*SH B*). 607,10 (*Sg 299, 9. Jh.*). H 3,7,3. 12,3,2. T 111,1 (*zum Akk. Sing. Fem. vgl. Braune, Ahd. Gr.*[15] *§ 247 Anm. 1*); **-e** Gl 3,606,22; *nom. sg. m.* **-er** Nb 75,9 [64,19] (-êr). Nc 726,21 [43,13] (-êr). NpNpw 36,6. 45,6 (Np -êr). Npgl 64,7. 75,12; **-ir** Gl 3,607,21; **-o** 1,363,17 (*Rb*); **-e** S 170,47; **-i** 46; *nom. sg. n.* **-a** Nk 477,19 [122,27]; *nom. sg. f.* **-iu** Nc 743,30. 829,21 [59,11. 149,22]; **-a** Ni 568,23 [84a,11]; *gen. sg. m.* **-es** H 17,1,1; *gen. sg. n.* **-en** Nk 416,23 [58,25]; *gen. sg. f.* **-era** H 1,1,1. 11,1; **-un** Nc 786,7 [103,13]; *dat. sg. m. n.* **-amu** Gl 1,215,8 (*K*); **-emu** 316,7 (*Rb*). Thoma, Glossen S. 2,16; **-emo** Gl 1,24,24 (*Pa*). 2,293,17 (*M, 5 Hss.*). S 169,7 (2). 170,48. T 81,1. 120,6. O 4,19,8. Nb 178,1 [150,6]. Nc 755,1. 786,8. 793,14 [70,20. 103,14. 111,10]. Nk 416,22 [58,23]. NpNpw 22,4. 39,9. Np 73,11 (K.-T. 9,262,11 -ero *Druckfehler*). 100,2. Npgl 73,17; **-en** Nb 278,10 [215,12]. Nc 722,2 [38,21]; *dat. sg. f.* **-eru** I 12,1. 6 = F 35,14. 16. T 145,12. 147,7. 148,3; **-ero** 40,1. Nc 729,32. 822,8. 829,6 [46,21. 141,11. 149,8]. NpNpw 115,19. NpglNpw 44,13. Np 45,6. 73,12. 81,1. 136,2; **-era** Npw 118 T,147; **-ere** 45,6; *acc. sg. m.* **-an** Gl 1,715,65. S 62,19 (*Markbeschr.*). 115,9. 26. 116,54 (-a- *aus* o *korr., Steinm.*). 55. T 72,2; **-en** Gl 1,715,67. 2,681,4. 5,15,41. S 116,56. 61. O 3,17,9. 4,24,23 (*beide nach Ausg. Erdm. S. 427 wegen folgendem* then *für* mittan *verschr.*, *s.* A II 1aα *u.* 2). Nb 14,20 [12,3]. Nc 755,3 [70,21/22]. NpNpw 36,6. Np 54,18. W 13,2 (*BCK*) [53,8/9]; *acc. sg. n.* **-az** Gl 1,703,3 (*M, 2 Hss.*); **-iz** 4 (*M, 2 Hss.*); *acc. sg. f.* **-a** S 115,25. Nb 270,25 [210,19]. Np 93,Prooem. 118 T,147; *nom. pl. m.* **-e** Nc 818,28 [137,18]; *dat. pl.* **-em** Gl 1,6,32 (*KRa; Ra* -ē). 245,25 (*K*). I 17,13. F 10,22; **-en** Thoma, Glossen S. 13,28. T 12,4. 13,23. 69,3. 98,3. O 1,22,36 (*V* mitthen, -h- *unterpunktiert*). 3,24,68 (*PV*). 5,11,4. 12,14. Nc 707,21. 833,26 (-ên) [23,12. 154,18]. Nk 403,20 [45,12/13 (*Hs. B*)] (-ên). NpNpw 28,10. 47,10 (*vgl.* K.-T. 8,166,3). 103,26. 109,2. 135,11 (-ên). Np 47,10. 56,5. 64,6 (-ên). 67,14. 73,12. 103,26. 118 R,134. 137,7 (-ên). Npgl 17,12. 47,10. 67,26. 73,17. Npw 136,2; **-un** 103,26; **-on** Pw 56,5 (*(?), nach van Helten § 76 Dat. Sing.*); *acc. pl. m.* **-e** T 44,11. 94,2. 120,1. O 3,17,10. Nc 753,17 [69,5]. Np 7,1. 74,7; *acc. pl. f.* **-e** T 86,1 (-e *in* -a *korr.*); *comp. nom. sg. n.* **-era** Nm 851,7 [331,4/5]; **miten:** *dat. pl.* Nk 403,20 (*dazu S. CXIX,29*) [45,12/13 (*Hs. A*)] (-ên). Np 73,4 (*nach* mi- *Zeilenumbruch, vgl. K.-T. 9,261,5/6*). Npw 137,7. – **mitthen:** *dat. pl.* O 3,24,68 (*F*). – **mitd-:** *dat. sg. m.* **-on** Pw 54,18 (*zur Endg. vgl. van Helten, Gr. I § 76*); *acc. sg. m.* **-an** Gl 1,715,66; *dat. pl.* **-on** Pw 54,16. 67,14. – **midton:** *dat. pl.?* (*nach van Helten a. a. O. Dat. Sing. Mask. u. Neutr.*) Pw 54,11. 67,26. 73,4. – **midd-:** [*dat. sg. m.* **-en** Wa 42,20 (*Freckh.*);] *acc. sg. m.* **-en** WA 13,2.

Verschrieben: **mitmemo:** *dat. sg. m.* Gl 1,24,24 (*K; l.* mittemo, *Steinm.*).

mittemo S 341,19/20 *s.* mit *u.* ther; midi Wa 20,12 *s.* mit.

A. *adjektivisch:*

I) *die Lage des Bezugsnomens bezeichnend: in der Mitte befindlich, bei einer Reihenfolge auch: mittler; prädikat. auch: in der Mitte* (*vgl. dazu den restriktiven Gebrauch von lat. medius in Menge, Syntax und Semantik § 268*):

1) *lokal:* der mitto poum [*haec autem erat factura candelabri, ex auro ductili, tam*] *medius stipes* [, *quam cuncta quae ex utroque calamorum latere nascebantur, Num. 8,4*] Gl 1,363,17. to ouh taz keskah . taz tu under in zuein consulibus mitter sizzendo . folleglicho allero dera manigi spendotost . tie sigegeba *cum in circo medius duorum consulum . satiasti exspectationem circumfusae multitudinis . triumphali largitione* Nb 75,9 [64,19]. Erato chomentiu ... geebenota sih Martis ringe ... (*Melpomene*) kerarta sih ze demo mitten ringe . an demo diu sunna disa uuerlt kezieret *Erato ingressa Martium* (*circulum*) *modulatur . Melpomene medium* (*circulum*) *. ubi sol convenustat mundum flammanti lumine* Nc 722,2 [38,21]. er (*Apollo*) gat mitter dero planetarum [*vgl.* (*Apollo*) *eum locum obtinet in planetis . quem mese in cordis, Rem.*] 726,21 [43,13]. goldring . ter meist clanzta fonc dero sconi . dero mittun gimmo *diadema virginale . quod maxime medialis gemmae lumine praenitebat* 786,7 [103,13]. tie alle namont Greci demones . fone diu . daz sie anauualten sint tes liutes . Latini namont sie meteme . uuanda angeli sint mitte . under gote . unde menniskon [*vgl. Latine medioximos vocitarunt .i. in medio positos. Medioximus dicitur quasi medius proximus . inter deum enim et homines discurrunt, Rem.*] 818,28 [137,18]. fone diu ist tiu mitta (*sc. consequentia*) . contradictoria dero einun . contraria dero anderun Ni 568,23 [84a,11] (*zu den Schlußfolgerungen* (*consequentiae*) *vgl. Ausg. Piper S. 566 f.*). an demo regulari monochordo uuerden ze erist finfzehen buohstaba . fure also manigen seitun ... si . F. der niderosto fure den lengesten seitun ... si daz oborosta . F . der churzisto seito . der nete heizzit ... si daz mittera . F. mese . der zuiualte lengi habe gagen nete Nm 851,7 [331,4/5]. dar ist er (got) so mitter . daz er in allen gelicho hilfet *deus in medio eius* [*vgl. quomodo enim illud quod in medio est, paria habet spatia ad omnes fines; ita deus medius esse dicitur, aequaliter omnibus consulens, Aug., En.*] NpNpw 45,6. mit dien umbefangener . dien du potentatum miraculorum (maht zeicheno) gabe . dien du allen communis (kemeine) pist . unde *medius* (mitter) [*vgl. habemus illum* (*Christum*) *omnes communiter; ideo in medio est, Aug., En.*] Npgl 64,7, *ähnl.* 75,12 (Np *medius*).

2) *temporal:* fona mittemo za drittin tage (tage *fehlt Pa*) *a nudus* (*als med*(*i*)*us verlesen u. übers., vgl. Splett, Stud. S. 76*) *tertia* Gl 1,24,24 (*oder Glossenwort?*).

II. *die mittlere Stelle des Bezugsnomens bezeichnend, überwiegend in Präp.verb. belegt: in der Mitte, mitten* (*im Nhd. nur adverbial wiedergebbar, in Präp.Verb. mit 'mitten* (*an, auf, aus, durch, in, über, unter, von*)*' zu übersetzen*); *vgl. dazu den partitiven Gebrauch von lat. medius in Menge, Syntax und Semantik § 268*):

1) *lokal:*

a) *attribut. gebraucht:*

α) mitti *geht dem Bezugsnomen voran:*

mitti + *Bezugssubst.:* santuuerf uuerid in mittem seuuim *Samos insula in medio mari* Gl 1,245,25 (*pluralische Wiedergabe von lat. mare medium; zu medio aus Aegeo vgl. Splett a. a. O. S. 360*). durah mittaz lant *per mediterranea* [*fugiens ... venit Antiochiam, 2. Macc. 8,35*] 703,3 (*zur Übers. vgl. Arndt 2,1447; 1 Hs.* mittin thaz, *1* mittinz *s.* ?mittĕn, *1* mitteriz *s.* mitter *mhd.*). descriptus est atque consignatus idem locus undique his terminis ...: primum de Salu iuxta Teitenbah in caput suum ... inde in mittan Eichinaberg S 62,19. oba Heitingesueld in mittan Moin in die niderostun urslaht furtes, in mitten Moin unzen den brunnon 116,55. 56. ih sentu iuuih samoso scaf in mitte uuolua *mitto vos sicut oves in medio luporum* T 44,11. thaz skef in mittemo seuue uuas givvuorphozit mit then undon *navicula autem in medio mari iactabatur fluctibus* 81,1. uzgangenti fon marcun Tyri qua*m* thuruh Sidone*m* zemo seuue Galileę untar mitte marca zehen burgo *exiens de finibus Tyri venit per Sidonem ad mare Galilaeae inter medios fines Decapoleos* 86,1. fuor thuruh mitti Samariu*n* *transiebat per mediam Samariam* 111,1 (*s. Formenteil*). of gi slapit under mitdon samnungun *si dormiatis inter medios cleros* Pw 67,14. ih meino dia sunnun ganda an mittemo himele . unde in mittemen ganda dero septem planetarum [*vgl. solem qui inter caelum et terra vadit, X*] Nb 178,1 [150,6] (*zu* mittemen *s.* mittamo). ter (goldring) meist clanzta fone dero sconi . dero mittun gimmo . ih meino diu gagen mittemo ende stuont [*vgl.* (*gemma*) *quae media erat et a fronte refulgebat, Rem.*] Nc 786,8 [103,14]. scena uuas ein finster gadem in mittemo theatro [*vgl. scena ... erat locus infra theatrum, Is., Et.*] 793,14 [111,10]. fone mittero lufte . unz ze dero erdo . sizzent halbkota . unde erdkota *a medietate vero aeris . usque in montium terraeque confinia . hemithei . heroesque . i. terrigenae versantur* 822,8 [141,11]. nidenan heizende daz in mittemo himele ist . tar diu erda liget *quod in medio est deorsum dicentes* Nk 416,22 [58,23]. got ist in mittero burg *deus in medio eius* NpNpw 45,6. vbe ih can in mitten arbeiten *si ambulavero in medio tribulationis* 137,7. fone demo sune . den sin fater tougeno under mitte Iudeos santa [*vgl. dominus noster in medio Iudaeorum silentium misit, Cass.*] Np 7,1 (Npw under die Iuden). Christvs cham hara . unde stuont hier anasihtiger in mittero gesamenungo dero goto *deus stetit in sinagoga deorum* [*vgl. stantem ... in medio sui videbant eum, Aug., En.*] 81,1. sicvt lilivm inter spinas (also der lilio ist undir dornin) . ita proxima mea in *medio* filiarvm (also ist min nahsippa in mitten tohteron) Npgl 47,10 (Npw unter den tohteren); *ferner:* S 115,9. 26. 116,61. NpNpw 22,4 (*medius*). 28,10. 45,6 (*medius*). 115,19 (*medius*). NpglNpw 44,13 (Np *medius*). Np 67,14 (*medius*). 73,12 (*2; einmal medius*). 74,7. Npgl 73,17 (*2;* Np *medius*); – *mit aus dem Kontext zu erg. Bezugsnomen:* so uuir Martem sahen uuiderfaren demo manen . do er drinahtig uuas . unde uber mitten (manen) gan . nals nieht undenan . nube obenan Nb 14,20 [12,3] (*z. St. vgl.* Nc 753,17 [69,5] *unter* II 1bβ). aher truog si in hende ... unde eina tabellun ... Tar stuont an mittero (tabellun) der egypzisco fogal *erat in medio avis Aegyptia* Nc 829,6 [149,8]; – *in der Verbindung* mitti/mittêr himil (*zur Verbindung vgl. Gröger S. 126*) *Zenit:* in mittemo himile [*sexta* (*sc. hora*) *vero iuventus est; quia velut*] *in centro* [*sol figitur, dum in ea plenitudo roboris solidatur, Greg., Hom. I,19 p. 1511*] Gl 2,293,17. mitten himel [*libra die somnique pares ubi fecerit horas, et*] *medium* [*luci atque umbris iam dividit*] *orbem* (*vgl. et luci dixit partem caeli septentrionalis, de quo ait hic vertex nobis caeli sublimis, Serv.*) [*Verg., G. I,209*] 681,4. mitte hi*mil* *centrum* 3,606,22. 607,10. mittir himil *centrum* 21;

mitti + *Pron.* + *Bezugssubst./Relativsatz:* (angila) arscheidant dea ubilun fona mittem dem rehtuuisigom (*angeli*) *separabunt malos de medio iustorum* F 10,22. after thrin tagun fundun inan in themo temple sizzantan untar mitten then lerarin *post triduum invenerunt illum in templo sedentem in medio doctorum* T 12,4. ubarsata beresboton in mittan then ueeizi *superseminavit zizania in medio tritici* 72,2. brahtun sia (*die Ehebrecherin*) tho in thaz thing, thara in mitten (*Ausg.* -an, *s. Formenteil*) then ring, in mitte thie liuti [*vgl. statuerunt eam in medio, Joh. 8,3*] O 3,17,9. 10. in mittemo iro ringe so sprah ih zi iro thinge [*vgl. ego semper docui in synagoga, Joh. 18,20*] 4,19,8. uuanda diu sunna gat under mitten dien planetis [*vgl. medius inter septem planetas, Rand*] Nc 707,21 [23,12]. ube an mitten dien strimon . unde dien strazon . der berg scrindet Nk 403,20 [45,12/13]. dina ea uuolta ih . in mittemo minemo herzen *legem tuam in medio cordis mei* NpNpw 39,9. du sceinest dina gnada uuarhafto guoten under mitten dien . die dine sacramenta niezzent 47,10. trost allero endo dero erdo . trost dero uzzeroston . samoso dero inneroston . trost hinaferro in demo mere gesezzenero . under mitten dien uuerltkiren . die ferro fone dir sint Np 64,6. ziu uuendest du dana dina hant . unde dina zeseuuun uzzer mittemo dinemo buoseme *utquid avertis manum tuam . et dexteram tuam de medio sinu tuo* 73,11; *ferner:* NpNpw 109,2 (*medius*). Np 100,2 (*medius*);

mitti + *Adj.-Attrib./Gen.-Attrib.* + *Bezugssubst.:* losta mina sela uzzer mitten leuuon uuelferen *eripuit animam meam de medio catulorum leonum* Np 56,5. sie chamen unde uuurden prepositi in medio nouarum ęcclesiarum (probista in mitten niuuuen gesamenungon) Npgl 67,26;

mitti + *Bezugspron.:* untar mitten iu stentit, then ir ni uuizzut *medius autem vestrum stetit, quem vos non scitis* T 13,23. uuanda ar*h*heide an selethe*n* iro, an mitdon im *quoniam nequitiae in habitaculis eorum in medio eorum* Pw 54,16;

β) mitti *ist dem Bezugsnomen nachgestellt:*

Pron. + *Adj.-Attrib./Zahlw./Gen.-Attrib.* + *Bezugssubst.* + mitti: ducebant ... anan den rorinon seo ... danan in de sundorun erdburg mitta S 115,25. (*die Grenze verläuft*) duruh den Fredthantes uuingarton mittan in die egga, sosa diu Rabanes buohha stuont 116,54 (*vgl. Bauer, Grenzbeschreibungen S. 62; von Graff II,670 noch s. v.* mitton *bei Bezug auf* egga *als adverbial gebrauchtes Subst. alternativ zum Adj. erwogen, ebenso Heffner S. 109 s. v.* mittan *adv.*). turh tie zuene (sternen) mitte ist tes manen fart . unde anderro planetarum Nc 753,17 [69,5];

Bezugspron. + mitti: lobo endi freuuui dhih, Siones dohter, bidhiu huuanda see ih quhimu endi in dhir mitteru ardon *lauda et laetare, filia Sion, quia ecce ego venio et habitabo in medio tui* I 12,1 = F 35,14, *ähnl.* I 12,6 = F 35,16 (*medius*). miin gheist scal uuesan undar eu mittem *spiritus meus erit in medio vestri* I 17,13. buochara inti Pharisęi ... saztun sia (*die Ehebrecherin*) untar sie mitte *statuerunt eam in medio* T 120,1. thie dar in Iudeon sint, thanne fliohent sie in berga, inti thie dar in iru mitteru sint thana erfarent, thie dar uz themo lante sin ni geen in sia *qui in Iudaea sunt fugiant in montes, et qui in medio eius discedant, et qui in regionibus non intrent in eam* 145,12. under in (*den Planeten*) mitten gast tu (*Sonne*) *medium tu curris iter* [*vgl. in medio planetarum constitutus, Rem.*] Nc 833,26 [154,18]. der Israhelem fuorta uzer in mitten *qui eduxit Israel de medio eorum* NpNpw 135,11. sie heizzent filię . sie sint aber malę filię . doh ist lilium . under in mitten [*vgl. sunt ergo filiae malae, et inter illas est lilium in medio spinarum, Aug., En.*] Np 47,10 (*vgl.* K.-T. 8,166,3; Npw *nur* unter in). obe Babylonis ahon sazen uuir unde uueinoton . so uuir Syon irhugeton ... Vffen die feleuua die in iro mittero stant . hangton uuir unsere organa *in salicibus in medio eius suspendimus organa nostra* Np 136,2 (Npw in mitten dera, *s.* B II 1c); *ferner:* T 94,2 (*medius*). NpNpw 103,26 (2). Np 118 R,134. Npgl 17,12 (Np *medius*);

γ) mitti *ist vom Bezugsnomen durch die Präp. getrennt:* mitti + *Präp.* + *Bezugspron.:* wio er selbo quami ... bisparten duron thara zi in joh stuant thar mitten untar in O 5,12,14;

b) *als prädikat. Attrib. gebraucht:* tiu (ein gerta) uuas fornahtigiu guldin . mittiu uuas si tuncheliu . ze niderost suarziv *subter quaedam praenitens virga . cuius caput auratum . media glauca . piceus finis exstabat* Nc 829,21 [149,22].

2) *temporal: attribut. gebraucht* (mitti *geht dem Bezugsnomen voran*): an demo ingange habet er eines sconis chindes kelichi ... aber in mittemo gange eines trates iungelinges ... aber an demo uzlaze ... eines erlegenes alten *facie autem mox ut ingressus est pueri renitentis . in incessu medio iuvenis anheli . i. sudantis . in fine senis apparebat occidui* Nc 755,1 [70,20]. ze ostron in miten dagen dero azimorum . do ouh Christvs irslagen uuard . saztun dara iro fanen *in medio solemnitatis tuae . posuerunt signa sua* Np 73,4 (*nach* mi- *Zeilenumbruch, vgl. K.-T. 9,261,5/6*); – *in Fügungen* (*vgl. Gröger S. 126*): mitti morgan *Vormittag:* umbe mittan morgan [(*pater familias*) *egressus*] *circa horam tertiam* [, *vidit alios stantes in foro otiosos, Matth. 20,3*] Gl 1,715,65. 5,15,41. der huosherro ladote allen den tac die uuerhliute in sinan uuinkarten, sumeliche fruo, sumeliche ze mittemo morgene, sumeliche zi mittemo taga, sumeliche ze nona, sumeliche ana demo abanda [*vgl. paterfamilias ad excolendam vineam suam mane, hora tertia, sexta, nona et undecima operarios conducit, Greg., Schmid II,9,22/23*] S 169,7. diu friu diu pizeichinet die chindiska, der mitti morgen die iugent, der mitte tac die tugent [*vgl. hora autem tertia adolescentia intellegi potest, ebda. II,13,135*] S 170,46; – mitti tag/mittêr *Mittag:* za uuetare after mittemu tage [*cum audissent vocem domini dei deambulantis in paradiso*] *ad auram post meridiem* [, *abscondit se Adam et uxor eius, Comm. in Gen. = Gen. 3,8*] Gl 1,316,7, *z. gl. St.* an thero chuoli after unterne ł after mittemo dage Thoma, Glossen S. 2,16 (*Comm. in Gen. = ebda.*). morgen mitti dach vel undorn abent *mane meridies suprema* Gl 3,205,11. der huosherro ladote allen den tac die uuerhliute in sinan uuinkarten, sumeliche fruo, sumeliche ze mittemo morgene, sumeliche zi mittemo taga, sumeliche ze nona, sumeliche ana demo abanda [*vgl. paterfamilias ad excolendam vineam suam mane, hora tertia, sexta, nona et undecima operarios conducit, Greg., Schmid II,9,22/23*] S 169,7. diu friu diu pizeichinet die chindiska ... der mitte tac die tugent, daz ist diu metilscaft des menniskinen alteris, in demo er aller starchist ist ... So pizeichinet diu nona daz altir, der abant daz bibint altir [*vgl. sexta vero iuventus est, ebda. II,13,139*] 170,47. kadigani si eo so frua in morgan kalauba eo so mitti tak dhemar muat ni uuizzi *podor sit ut diluculo, fides velut meridies, crepusculum mens nesciat* H 3,7,3. mittes takes za petonne ist *meridie orandum est* 17,1,1. ther liut mit thisu imo (*Pilatus*) analag, unz selban mitten (*Ausg.* -an, *s. Formenteil*) then dag [*vgl. erat autem hora quasi sexta, Marg. nach Joh. 19,14*] O 4,24,23. an auont in an morgan in an mitdon dage *zusammengeschr.*) tellon sal ic *vespere et mane et meridie narrabo* Pw 54,18 (*vgl. Formenteil*). daz kesciehet dir ze offenorun guollichi danne mitter tag si NpNpw 36,6. in [h]abent uuanda Christvs do uuas in cruce in morgen do Christvs irstuont . in mitten dag do er irhohet uuart ... zello ih *vespere et mane et meridie . narrabo* Np 54,18. sage mir, uuine min, uua du dine scaf uueidenes, uua du ruouues umbe mitten dag *indica mihi, quem diligit anima mea, ubi pascas, ubi cubes in meridie* [*Cant. 1,6*] W 13,2 [53,8/9]; *ferner:* S 170,48. H 12,3,2 (*meridies*). Nc 755,3 [70,21/22]. NpNpw 36,6 (*meridies*); – mitti/mittiu naht *Mitternacht:* kistillandi naht mitti naht *intempesta nox media nox* Gl 1,188,22. mittera nahti zite uuizaclichiu stimma manot *mediae noctis tempore prophetica vox admonet* H 1,1,1. ir ni uuizz*u*t uuanne truhtin cumit, spato oda in mitteru naht oda zi hanacrati oda in morgan *nescitis enim quando dominus veniat, sero an media nocte an galli cantu an mane* T 147,7. ze mittero naht *silentio ... intempestae noctis* [*vgl. intempestam ergo noctem mediam dicit, Rem.*] Nc 729,32 [46,21]. uuanda mittiu naht ist io finsteriu . âne in plenilunio *atrae noctis nigredine coloratur* [*vgl. pars noctis quam intempestam dicimus .i. mediam, Rem.*] 743,30 [59,11]. ih kahota in unzite . unde hareta ze dir . in mitta naht ... stuont ih uf (Npw in mittera naht) *praeveni inmaturitate id est aoria Graece . et clamavi* [*vgl. nox ... intempesta, id est, media, Aug., En.*] NpNpw 118 T,147; *ferner:* H 1,11,1 (*media nox*). T 40,1. 148,3 (*beide media nox*). Nb 270,25 [210,19]; mittiu uuehha (*zusammengeschr.*) *Mittwoch:* psalmvs ipsi David qvarta sabbati. Psalmus Christo in mittauuechun . do uuurden luminaria cęli [*vgl. quarta ergo sabbatorum, quarta feria, qui Mercurii dies dicitur a paganis, et a multis Christianis ... quarto die, luminaria fecit deus in caelo, Aug., En.*] Np 93,Prooem.; [– middi sumar *Mittsommer:* te then midden sumera (*zusammengeschr.*) vi modios integande then iungeron Wa 42,20.]

B. *substantivisch:*

I. thaz mitta (*vgl. lat. Neutr. medium*):

1) *die Mitte:* dero manigon ringo die an demo rade umbe einen steft uuerbent ... Taz sih ... habet zuo demo mitten . sih zesamine duinget . unzegreitez . unde unzerlazenez *si quid ... illi se medio conectat et societ . in simplicitatem cogitur . diffundique ac diffluere cessat* Nb 278,10 [215,12]. uuanda michel uerri ist tes mitten . dar diu erda stillo liget . uf ze ende dirru uuerelte . tar dir himel sueibot *eo quod multa medii distantia ad terminos mundi sit* Nk 416,23 [58,25].

2) *das Mittlere, als philosophischer Terminus bei* N (*vgl. Jaehrling S. 116 u. Kelle, Philos. Kunstausdrücke S. 36*)*:* iz mag aber etelih sin dero . diu under zuisken stant. Iz solta ouh pe note sin daz mitta . to iz tero uzeron neuueder uuas *horum autem medium aliquid nihil prohibet esse. Horum etiam erat aliquid medium . quorum non erat necessarium alterum inesse susceptibili* Nk 477,19 [122,27].

II. *als Dat. Plur./Sing. Mask. Neutr. in Präpositionalverbindungen:*

1) *lokal:*

a) an mittêm/mittemo *in der Mitte:* ce fordrost. an mitten. aftrosten [*posuit ... liberos ...*] *in principio* [*: Liam ... et filios eius in*] *secundo loco* (*medio*) [*: Rachel ... et Ioseph*] *novissimos* [*Comm. in Gen. = Gen. 33,2*] Thoma, Glossen S. 13,28; – *mit Gen.: inmitten:* arbeit an mitdon iro *labor in medio eius* Pw 54,11. furiquamon furista gefuogeda sing*in*don, an midton thierno timparinno *praevenerunt principes coniuncti psallentibus in medio iuvencularum tympanistriarum* 67,26;

b) fona mittêm/mittemo *aus der Mitte, mit Gen.:* generida sela mina fan mitton uuelpo leono *eripuit animam meam de medio catulorum leonum dormivi conturbatus filii hominum dentes eorum arma et sagittae et lingua eorum gladius acutus* Pw 56,5;

c) in mittêm/mittemo *in der Mitte:* gistant in mitten *sta in medium* T 69,3. bileib thar eino ther heilant inti thaz uuib in mittemo stantenti *remansit solus et mulier in medio stans* 120,6. in mitten saz er eino [*vgl. sedentem in medio doctorum, Luc. 12,46*] O 1,22,36. was tho thar ingegini harto mihil menigi, liutes filu thrato; in mitten lag ther doto 3,24,68; – *mit Gen.: inmitten:* thar bin ih in mitten iro *ibi sum in medio eorum* T 98,3. obe Babilonis ahon sazen uuir unde uueinoten, do uuir Sion irhugeton ... Vfen dia feliuuen die in mitten dera stent, hiegen uuir unsere organa *in salicibus in medio eius suspendimus organa nostra* Npw 136,2 (Np in iro mittero, *s.* A II 1aβ);

d) untar mittêm *in der Mitte:* warun thie jungoron tho ... in einaz hus gisamanot ... duron so bisparten stuant er untar mitten [*vgl. Iesus ... stetit in medio, Joh. 20,19*] O 5,11,4.

2) *temporal:* mittêm/mittemo *in der Mitte, inmitten, mit Gen.:* guoliccoda sint thia hatedon thi, an mitdon firingon *thin*ro *gloriati sunt qui oderunt te in medio sollemnitatis tuae* Pw 73,4.

3) *ohne Hervortreten eines streng lokalen oder temporalen Bedeutungsgehaltes:*

a) in mittemo *in der Mitte:* noh uuethar in mittamu *neuter medius* Gl 1,215,8;

b) untar mittêm *untereinander* (*?*)*:* undar mittem *ad* (*in*)*vicem* Gl 1,6,32 (*vgl.* untar zuuiskêm*; vgl. Splett a. a. O. S. 480 'wechselseitig'*).

Abl. mittil *adj.*, mitter *mhd.*; mittamo, mittî; gimitten; *vgl.* mitti *st. n.*, ?mittĕn *adv.*, ?mittêr *st. m.*

[Woitkowitz]

mitti *st. n.*; *mnl.* midde; *vgl. ae.* midd (*vgl. Bosw.-T., Suppl. S. 638*), *an.* mið. – *Graff II,671.*

mitt-: *dat. sg* **-e** O 4,4,39; *acc. sg.* **-i** T 54,3.

Mitte: thuruh thie thekiziegala santun inan mit thiu bettu in mitti furi then heilant *per tegulas summiserunt illum cum lecto in medium ante Ihesum* T 54,3. thar fuarun man manage fora themo kuninge (*sc. Jesus*), heri ouh redihafter so folgata tharafter. Er (*Jesus*) reit in mitte O 4,4,39.

Vgl. middia *as.*, mittî.

mittî *st. f.*, *mhd. nhd.* mitte; *mnd. mnl.* midde. – *Graff II,670 f.*

mitt-: *dat. sg.* **-i** Nc 809,30 [128,22]. NpNpw 47,10. 13. 103,10. Np 54,11. 16. Npw 109,2; *acc. sg.* **-i** Nc 776,3 [93,1].

Np 134,9 (-î); **-e** Npw 134,9; *nom. pl.* **-inâ** Nc 705,6 [20,13] (*zur Endg. vgl. Braune, Ahd. Gr.*[15] *§ 228 Anm. 3*).

Mitte, mittlere Stelle:

a) *lokal:* die oberosten uuipfela ... die sungen chleinost. Taz aber in nideren esten dero erdo sih nahta . daz lutta gerobo. Aber die mittina dero boumo . die gehullen an iro fuoginon *at media . s. arborum . per annexa . i. coniuncta sibi spatia concinebant* Nc 705,6 [20,13]. nah tero roti . skein iz (*das Ei*) in durhliehtentero itali ... also diu luft ketan ist ... in dero innerostun mitti dicchera . also diu erda getan ist *apparebat ... interiore ... medio solidior* 809,30 [128,22]. vuir inphiengen dina gnada got . in mitti dines huses *suscepimus deus misericordiam tuam . in medio templi tui* NpNpw 47,10. in mitti dero bergo rinnent hina diu uuazzer *inter medium montium pertransibunt aquae* 103,10; *ferner:* 134,9 (*medium*). Np 54,11. 16 (*beide medium*); – *bez. auf eine Gruppe:* nu fernement alle male uiuentes . in dero mitti misericordia dei inphangen uuirt [*vgl. qui male vivunt, in quorum medio est populus ille qui suscepit misericordiam dei, Cass.*] NpNpw 47,13. uuis keuualtic under mitten dinen fianden: in dero mitti dero heidene, dero Iudene, dero irrari, unde dero lugelichin pruodera Npw 109,2 (Np *in medio*);

b) *temporal:* ternarius ist fone diu perfectus . daz io ratio driu gescafot ... anagenne ... mitti ... ende . also iz chit . sapientia pertingit a fine usque ad finem *ratio principium medium finemque dispensat* Nc 776,3 [93,1] (*z. St. vgl. K.-T. 4A,142 mit Bezug auf* Np 35,7 *u. die Antiphon O sapientia*).

Vgl. middia *as.*, mitti *st. n.*

gi-**mittithuuerahen** *sw. v.* (*zum Ansatz vgl. Riecke, jan-Verben S. 514 f.*).

gi-mitti-duerhent: *3. pl.* Gl 1,517,62 (*M, Göttw. 46/103, Gll. 12. Jh.?*).

die Mitte von etw. erreichen (*wörtlich 'queren'*): gimittiduerhent [*viri sanguinum, et dolosi non*] *dimidiabunt* [*dies suos, Ps. 54,24*] (*9 Hss.* gimittifer(a)hen, *1 Hs.* ?gimittiuuerdan, *1* gimitten).

mittithuuerahî *st. f.* – *Graff V,280.*

mitti-d:vuergi: *dat. sg.* Gl 1,439,36 (*M;* s *rad.*); **mitteduergi:** *dass.* 442,49; **mit-tw**[s]**hi:** *nom. sg.* 4,151,5 (*Sal. c; anders Steinm.: l.* mittiwehhi, *zu* mittiuuehha).

1) *Körpermitte, Rücken, Taille* (*?*)*:* mittidvuergi [*minimus digitus meus grossior est*] *dorso* [*patris mei, 3. Reg. 12,10*] Gl 1,439,36. 442,49; *zur Bed. vgl. Riecke, ZDL 70,85.*

2) *Lebensmitte:* mittwerhi *meridies* Gl 4,151,5; *zur Bed. vgl.* S 170,47 *s. v.* mitti *adj.* A II 2.

Abl. gimittithuuerahen.

mittid:vuergi Gl 1,439,36 *s.* mittithuuerahî.

? **mittiferahên** *sw. v.*; *zur Erwägung eines* ên-*Verbs vgl. Schatz, Germ. S. 364.* – *Graff III,683.*

mitti-verehet: *3. sg.* Gl 1,504,10 (*M, clm 18140, 11. Jh., clm 19440, 10./11., 1 Hs. -&; zu* -et *für das* ên-*Verb vgl. in denselben Hss.* Gl 1,501,63. 529,3 f.*; lat. Passiv*).

die Lebensmitte erreichen: mittiverehet [*si numerus mensium eius*] *dimidietur* [*Job, 21,21*] (*3 Hss.* gimittifer(a)hen, *1 Hs.* gimitten).

gi-**mittifer(a)hen** *sw. v.* – *Graff III,683.*

Alle M, ab 10. Jh. belegt.

gi-mitti-uerih-: *3. pl.* **-ent** Gl 1,517,60 (*4 Hss., 1 Hs.* -v-); *part. prt.* **-it** 504,11 (*2 Hss., 1 Hs.* -v-).

ki-mitti-uerh-: *3. pl.* **-unt** Gl 1,517,63; **gi-:** *dass.* **-ent** 61; *3. pl. conj.?* **-un** 64 (-f-*; oder verschr.?*); **-uuerhiti:** *part. prt. nom. sg. f.?* 504,12/13 (*Göttw. 46/103, Gll. 12. Jh.* (*?*)*; zu* -uu- *für* -f- *vgl. Schatz, Ahd. Gr. § 166; zu* -ti (*für* -tiu*?*) *vgl. in ders. Hs.* Gl 1,616,44, *oder verschr.?*).

Verschrieben: **gi-niitti-uerhunt:** *3. pl.* Gl 1,517,63; **ge-mitti-werchnt:** *dass.* 64/65 (*clm 6217, 13. Jh.; zu* -uu- *für* -f- *vgl. Schatz, Ahd. Gr. § 166*).

eine Zeitspanne (*sc. die Lebenszeit*) *zur Hälfte verbringen:* gimittiverihit vuirđ [*si numerus mensium eius*] *dimidietur* [*Job, 21,21*] Gl 1,504,11 (*2 Hss.* ?mittiferahên, *1 Hs.* gimitten). gimittiuerihent [*viri sanguinum, et dolosi non*] *dimidiabunt* [*dies suos, Ps. 54,24*] 517,60 (*1 Hs.* gimittithuuerahen, *1* ?gimittiuuerdan, *1* gimitten); *zum lat. Lemma vgl. Mlat. Wb. III,664,59 ff.*

mittifer(a)hî *st. f.*; *vgl. as.* midfirhi *adj.*, *ae.* midfeorh *m. n.*, midferhþ *m. n.* – *Graff III,683.*

Alle M u. im Dat. Sing.

mitti-uerihi: Gl 1,610,4 (*4 Hss., 3* -v-). 616,10 (*4 Hss.*).

mitti-uerh-: **-i** Gl 1,610,5/6 (*2 Hss., 1 Hs.* -v-). 616,11; **-e** 12; **-a** 610,6/7 (*Hs. 12. Jh.; zu* -a *vgl. Schatz, Abair. Gr. § 114b*).

Lebensmitte: (in) mittiverihi *in dimidio* [*dierum meorum vadam ad portas inferi, Is. 38,10*] Gl 1,610,4 (*1 Hs.* halftanskeid). 616,10 (*1 Hs.* mittilôdi).

Abl. mittifer(a)hen.

mittifer(ih)hî *s. jetzt* mittifer(a)hî.

mittigart *st. m.* (*zur Bildg. vgl. Matzel, Unters. S. 144, Gröger § 76 u. S. 126*); *an.* miðgarðr. – *Graff IV,249 f.*

Verstümmelt: **mitti-gar.e:** *dat. sg.* F 29,20/21; **-gar.:** *acc. sg.* 26,11; **-g..:** *dass.* 37,22.

1) *der von Menschen bewohnte Erdkreis* (*vgl. Matzel, Unters. S. 118 Anm. 60a*)*:* *u*bar allan mittigar*t un*tar .. *m*annum *e*lidiutic spraha *in universo orbe inter gentes et homines est barbara locutio* F 26,11.

2) *irdische Welt:* *ni*st abulgi bidiu huuanta siu in desemo mittigar*te* neouuiht ueraltehteo niruohhit noh niuueiz desses ærdlihhin habennes einiga abanst *non aemulatur, quia per hoc quod in praesenti mundo nihil appetit, invidere terrenis successibus nescit* F 29,20/21. irma*not* unsih za for*stant*annne in seuue desan antu*urtun* mittig*art* uuesantan *admonet nos intelligere mare praesens saeculum esse* 37,22.

Vgl. mittil(a)gart, mittingart.

? **mittiger** Gl 3,677,5 *s.* mittigerni.

mitti-, mitgerni (*auch* **mittiger**?) *st. n.* (*auch m.?*), *mhd.* mittiger (*vgl. Lexer 1,1699 s. v.* krâ), *nhd. dial. schweiz.* miggēri *n. Schweiz. Id. 4,123*, *schwäb.* micker *Fischer 4,1659 f. u. n.*, *bair.* mücker *Schm. 1,1567*, *rhein.* micken, micker *m. n.*, midder *n. m.* (*in anderer Bed.*) *Rhein. Wb. 5,1125*; *as.* midgerni *n.*, *mnd.* middel *n.*; *ae.* micgern (*vgl. Bosw.-T., Suppl. S. 637*); *vgl. mnl.* gorne *f.*, *an.* görn *f.* – *Graff IV,264 f.*

mitti-carni: *nom. sg.* Gl 1,16,11 (*K*). – **mitti-garn-:** *nom. sg.* **-i** Gl 1,17,11 (*R*); *dat. sg.* **-e** 2,727,1 = Wa 111,21 (*Jh*); **-gerni:** *dass.* 19,40.

mid-garni: *dat. sg.* Gl 2,718,3 = Wa 113,37 (*Jh*); **mid-gern:** *nom. sg.* Mayer, Glossen S. 9,23 (*Austin Phill. 816, 11. Jh.*).

Mit lautlich abgeschwächtem Zweitglied (oder andere Bildg.?): **mitti-ger:** *nom. sg.* Gl 3,677,5 (ger *am Zeilenschluß unter* mitti*; Innsbr. 711, 13. Jh.*); **miti-:** *nom. pl.?* **-]a** Beitr. 73,254,6 (*mus. Brit. Harl. 2728, 11. Jh.*).

Verschrieben: **mittil**la**carni:** *nom. sg.* Gl 1,16,11 (*Pa; zu fehlerhaft eingedrungenem* la *vgl. Splett, Stud. S. 67*); **mitftigern:** *dass.* 2,12,33 (*Eins. 32, 10. Jh.; mit in die Zeile gezogenem* f *für francisce*).

Fett(lage) um die Eingeweide, Bauchfett (von Tieren): ubarspichi fleisc feizzit mittilacarni *arvina caro pinguis ferina* (*Hs. exunia*) Gl 1,16,11. smerohleip mittigarni *arvina ferina* 17,11; *beide wohl in Wiedergabe des unverstandenen ferina 'Wildbret' von arvina her, vgl. Splett a. a. O. S. 67*); – *als Brennstoff:* mittigern [*latex lucens flammas pascebat edaces; papirus in medio radiabat lumine centro clarius et multo quam fomes pinguis olivi aut certe in vitro splendens*] *arvina* [*scrofae, Aldh., De virg. 918*] Gl 2,12,33, *z. gl. St.* mittigerni ł lunda 19,40. mittiger amben *abdomen* 3,677,5; – *zum Polieren von Waffen:* midgarni [*pars levis clipeos et spicula lucida tergent*] *arvina* [*pingui, Verg., A. VII,627*] Gl 2,718,3 = Wa 113,37 (*vgl. secundum Suetonium … Arvina est durum pingue, quod est inter cutem et viscus.* [*Alii arvinae nomine laridum dicunt*], *Serv.*). 772,1 = Wa 111,21; – *bez. auf die Eingeweide bei der Weissagung:* mitigera [*cor iacet, et saniem per hiantis viscera rimas emittunt, produntque suas*] *omenta* [*latebras, Lucan 1,625*] Beitr. 73,254,6; – *als Zutat für ein Heilmittel:* midgern *axungia* Mayer, Glossen S. 9,23 (*in einem Rezept*).

mittil *adj., mhd. nhd.* mittel; *mnd. mnl.* middel; *afries.* middel; *ae.* middel; *an.* miðil. – *Graff II,671.*

mitt-il-: *nom. sg. m.* **-o** O 5,1,21 (*PV*); *dass.?* **-i** ebda. (*F; oder ist ein Komp.* mittilaboum *anzusetzen? Vgl.* middilbôm *as. 'Weberbaum'*); **-el-:** *superl. gen. sg. m.* **-osten** Nc 749,14 [64,17]; *acc. sg. m.* **-ôsten** Nb 208,5 [170,25].

in der Mitte befindlich, mittler, im Superl. mittelster: ther selbo mittilo boum (*des Kreuzes Jesu*) ther scowot thesan woroltfloum O 5,1,21. fone dien siben glaten sternon . die aller der liut uuagen heizet … unde ebenmichel sint âne des mittelosten Nc 749,14 [64,17]; – mittilôsto stuph *Mittelpunkt, bildl.:* tu habest ten mittelosten stupf tero uuarheite in din herza getrenchet *ipsam enim mediae veritatis notam . mente fixisti* Nb 208,5 [170,25].

Abl. mittilâri, mittilôdi, mittilôdî; gemiddelon *aostndfrk.*; *vgl.* middel *ae. st. m.*, mittil *st. n.*

Vgl. metal.

mittil *st. n. s.* ?mittiuuil(li).

mittilacarni Gl 1,16,11 (*Pa*) *s.* mittigerni.

mittil(a)gart *st. m.*; *as.* middilgard. – *Graff IV,249 f.*

mittil-i-cart-: *dat. sg.* **-e** Gl 1,285,56 (*Rd*); **-a** ebda. (*Jb*); **-i-gart:** *nom. sg.* T 76,4. 104,2 (-o *rad.*); *gen. sg.* **-]es** 16,1. 74,3. 82,10. 131,1. 132,3; *dat. sg.* **-]e** 131,9. 132,3; **-a-gart:** *nom. sg.* S 69,54 (*Musp.*); *gen. sg.* **-]es** T 25,1; **-e-garte:** *dass.* 104,1 (-n *rad.*).

mittil-gart: *nom. sg.* T 165,7. 178,6. 179,1. 2. 4; *gen. sg.* **-]es** 87,9. 135,5. 139,8 (2). 145,14. 165,7. 172,5. 179,3; *dat. sg.* **-]e** 82,6 (*drittes* -i- *rad.*). 95,3. 155,1. 165,1. 178,2 (2). 5. 6 (2). 7 (3). 187,2. 195,4 (2); *acc. sg.* **-]** 80,8 (*drittes* -i- *rad.*). 135,16. 143,3. 4 (2). 174,5. 178,9 (2). 195,6. 240,2.

1) *der bewohnte Erdkreis:* mittilicarte [*in universo*] *orbe* [*fames praevaluit, in cuncta autem terra Aegypti erat panis, Gen. 41,54*] Gl 1,285,56. so daz Eliases pluot in erda kitriufit, so inprinnant die perga, poum nikistentit enihc in erdu, aha artruknent …, suilizot lougiu der himil, mano uallit, prinnit mittilagart … uerit denne stuatago in lant S 69,54.

2) *Welt:*

a) *gesamte Welt, Schöpfung:* thaz gifullit vvurdi thaz giquetan uuas thuruh then uuizagon sus quedentan: ih aroffonon in ratissun minan mund, ih arrofozu giborganu fon mittiligartes gitati *ut impleretur quod dictum erat per prophetam dicentem: aperiam in parabolis os meum, eructabo abscondita a constitutione mundi* T 74,3. oba uuer gengit in tage, ni bispurnit, bithiu uuanta her lioht thesses mittilgartes gisihit *si quis ambulaverit in die, non offendit, quia lucem huius mundi videt* 135,5. ist thanne arabeit mihil, sulih so ni uuas fon mittilgartes anaginne io unzan nu noh elichor ni uuirdit *erit enim tunc tribulatio magna, qualis non fuit ab initio mundi usque modo neque fiet* 145,14. uuanta thu mih minnotos êr mittilgartes gitati *quia dilexisti me ante constitutionem mundi* 179,3. noh thaz selba ni uuaniu thesan mittilgart bifahan magan thio zi scribanne sint buoh *nec ipsum arbitror mundum capere eos qui scribendi sunt libros* 240,2;

b) *irdische, unvollkommene Welt:* thie accar uuarlihho ist mittiligart, thie guoto samo thaz sint kind rihhes … thiu arn thaz ist enti therro uuerolti *ager autem est mundus, bonum vero semen hi sunt filii regni … messis vero consummatio saeculi est* T 76,4. uue mittilgarte fon asuuichin … uue manne thuruh then quimit asuuih *vae mundo a scandalis … vae homini per quem scandalum venit* 95,3. so lango so ih in mittiligarte bim, so bim ih lioht mittiligartes *quamdiu in mundo sum, lux sum mundi* 132,3. ih giloubta thaz thu bist Crist gotes sun, thie thar quam in mittilgart *ego credidi quia tu es Christus filius dei, qui in hunc mundum venisti* 135,16. nu ist duom thesses mittilgartes … ther herosto thesses mittilgartes uuirdit eruuorpfan uz … ih, ob ih erhaban uuirdu fon erdu, alliu thinsu zi mir selbemo *nunc iudicium est mundi … princeps huius mundi eicietur foras … ego si exaltatus fuero a terra, omnia traham ad me ipsum* 139,8. tho uuesta ther heilant thaz quam zit thaz her fuori fon therru uueralti zi themo fater: mit diu her minnota sine thie dar uuarun in mittilgarte *sciens Ihesus quia venit hora ut transeat ex hoc mundo ad patrem, cum dilexisset suos qui erant in mundo* 155,1. ni bittih thaz du sie nemes fon mittilgarte *non rogo ut tollas eos de mundo* 178,7. fon mittilgarte ni sint sie, sosih ni bin fon mittilgarte *de mundo non sunt, sicut et ego non sum de mundo* ebda. min rihhi nist fon thesemo mittilgarte *regnum meum non est de mundo hoc* 195,4; *ferner:* 25,1. 80,8. 131,1. 9. 143,3. 165,7. 172,5. 174,5. 178,2 (2). 5. 6 (2). 9 (2). 195,4. 6 (*alle mundus*).

3) *Gesamtheit der Menschen, Menschheit:* ther nimit sunta mittiligartes *qui tollet peccata mundi* T 16,1. brot gotes ist thaz thar nidarstigit fon himile inti gibit lib mittiligarte *panis enim dei est qui descendit de caelo et dat vitam mundo* 82,6. ni mag ther mittiligarto hazzon iuuuih *non potest mundus odisse vos* 104,2. ni quam ih zi thiu thaz ih duomti mittilgart, oh thaz ih heile mittilgart *non enim veni ut iudicem mundum, sed ut salvificem mundum* 143,4. trohtin, uuaz ist gitan, bithiu uuanta uns gioffanonti bist thih selbon, nalles thesemo mittilgarte? *domine, quid est factum, quia nobis manifestaturus es te ipsum et non mundo?* 165,1. mittilgart thih ni forstuont *mundus te non cognovit* 179,4. ih offano sprah thesemo mittilgarte, ih simblun lerta in samanungu inti in temple, thara alle Iudei zisamane coment, inti in dougli ni sprah ih niouuiht *ego palam locutus sum* *mundo*, *ego semper docui in synagoga et in templo, quo omnes Iudaei conveniunt, et in occulto locutus sum nihil* 187,2; *ferner:* 82,10. 87,9. 104,1. 165,7. 178,6. 179,1. 2 (*alle* *mundus*).

Vgl. mittigart, mittingart.

[Woitkowitz]

mittilâri *st. m.*, *mhd.* mitteler, *nhd.* mittler; *mnd.* middeler, *mnl.* middelare. – *Graff II,671.*

mittilari: *nom. sg. oder pl.* Gl 1,34,2 (*Pa*); **mitilari:** *dass.* ebda. (*K*); *zum Numerus vgl. Splett, Stud. S. 85.* – **middelere:** *nom. sg.* Gl 3,362,58 (*Jd*).

1) *der in der Mitte ist* (*Übers. eines lat. Völkernamens*)*:* liuti Chrechi edo mittilari *Argevi Graeci vel* *Medi* Gl 1,34,2.

2) *Mittelfinger:* middelere *impudicus* Gl 3,362,58 (*vgl. W. Grimm, Kl. Schr. S. 438 f.*).

Vgl. metamôsto, mittarôsto, ?mittêr *oder* ?mittar.

mittilatag *st. m.*, *mhd.* mitteltac, *nhd.* mitteltag; *ae.* middeldæg. – *Graff V,359.*

mittila-tagun: *dat. pl.* Gl 1,48,3 (*Pa*).

meddila-daccun: *dat. pl.* Gl 1,48,3 (*K*); *zu* -e- *vgl. Kögel S. 10* (*erwägt Schreibfehler*), *nach Splett, Stud. S. 102 Einfluß von lat. medius; zu* -dd- *wie in* leidda Gl 1,110,1 *u.* priddil 166,29 *ders. Hs. vgl. Kögel S. 99; zu* -cc- *für* g *vgl. ders. S. 111, nach Splett a. a. O. wohl aus Umdeutung zu einem adjekt.* ja/jo-*Stamm.*

Mittag: mittilatagun *meridianis* (*-is verschr. aus -us der Vorlage; zur Bed. des lat. Lemmas vgl. Thes. VIII,838,78 ff. 839,3 ff.*).

Abl. mitteltagelich *mhd.*; *vgl.* mittilatagĭgî.

Vgl. mittartag, mittitag.

mittilatagĭgî *st. f.* – *Graff V,359 s. v.* mittitagig.

mittili-tagigi: *gen. sg.* Gl 1,579,65 (*M, clm 18036, Gll. 10. Jh.*).

Mittag: mittilitagigi [*oculi domini super timentes eum, protector potentiae, firmamentum virtutis, tegimen ardoris, et umbraculum*] *meridiani* [*Eccli. 34,19*] (*5 Hss.* mittitagĭgî, *1 Hs.* mittartag).

Vgl. mittartag, mittilatag, mittitag, mittitagĭgî.

mittilegarte T 104,1 *s.* mittil(a)gart.

mittilentîg *adj.*; *vgl. nhd.* (*älter*) mittelländig. – *Graff II,234.*

mitte-landigemo: *dat. sg. m. n.* Npgl 71,8.

mittelländisch: herresot er ... fone *mediterraneo* mari (mittelandigemo mere) . unz ze ocęano (endilmere).

mittilgart *s.* mittil(a)gart.

mittili- *s.* mittila-.

mittilôdi *st. n.*, **mittilôdî** *st. f.*, *mhd.* mittelôde *st. n. f.* – *Graff II,671.*

mittil-od-: *nom. sg.* **-i** Gl 1,118,14 (*PaRa; Graff a. a. O. erwägt auch Adj.*); *acc. sg.* **-i** T 78,9; **-othi:** *nom. sg.* Gl 1,118,14 (*K; Graff a. a. O. erwägt auch Adj.*).

Sichere Neutr.: **mittil-ode:** *dat. sg.* Gl 1,616,12 (*M, clm 22201, 12. Jh.*); **-othe:** *dass.* 239,3 (*K*); **mittel-ode:** *nom. sg.* W 52,5. 34 (*beide BCFK*) [99,2. 101,30]; **-othe:** *dass.* 5. 34 (*beide A*).

Sichere Fem.: **mittilodi:** *dat. sg.* S 218,14 (*B*).

1) *Mitte, mittlere Stelle:*

a) *lokal:* her farenti thuruh mittilodi iro fuor *ipse* ... *transiens per medium eorum ibat* T 78,9; – *spez.: Mittelteil:* daz mittelode des diskes, daz uuas samfto, unte minlicho gegradet *media caritate constravit* [*Cant. 3,10; vgl. medium mensae Salomon construit amore, Expos.*] W 52,5 [99,2]; *ferner:* 34 [101,30];

b) *temporal:* mittilode *in dimidio* [*dierum meorum vadam ad portas inferi, Is. 38,10*] Gl 1,616,12 (*6 Hss.* mittifer(a)hî). so luzilo mer f*o*na mittilodi naht kirestit si *ut modice amplius de media nocte pausetur* S 218,14.

2) *Hälfte* (*?*)*:* mittilodi *eminus* Gl 1,118,14 (*wurde vom Glossator an* (*h*)*emi- gedacht* (*?*), *vgl. CGL V,516; zur Übers. vgl. auch Splett, Stud. S. 183*).

3) zi mittilôde *wechselseitig* (*?*)*:* untar zuuei*n* zi mittilothe farlazzan *retiproga* (*i. e. reciproca*) *ad vicem remissa* Gl 1,239,3 (*z. St. vgl. auch a. a. O. S. 349*).

Abl. mittilôdôn.

Vgl. metalôdi *st. n.*

mittilôdôn *sw. v.* – *Graff II,671.*

mittilodontera: *part. prs. dat. sg. f.* S 254,18 (*B*).

die Mitte erreichen: si kitan .. citlihhor mittilodontera ahtodun citi *agatur nona temperius mediante octava hora* (*zu lat. medians 'sich halbierend' vgl. Linderbauer S. 171*).

mittim- *s.* mittamo.

mittimeri *st. m.*; *vgl. nhd.* mittelmeer *n.*, *mnd.* middelmēr *n.* – *Graff II,820.*

mitte-mere: *acc. sg.* Npgl 79,10.

Mittelmeer: gens Iudea . saz fone Iordane unz an mare magnum (michelin se . ih meino den mittemere); *vgl. dazu Is., Et. XIII,16,1: De Mediterraneo Mari. Mare Magnum est quod ab occasu ex Oceano fluit et in meridiem vergit, deinde ad septentrionem tendit ... est et Mediterraneus, quia per mediam terram usque ad orientem perfunditur, Europam et Africam Asiamque disterminans.*

mittin Gl 1,703,6 *s.* mitten.

mittingart *st. m.* (*zur Bildg. vgl. Matzel, Unters. S. 143 f. 278, Idg. et. Wb. I,707*); *ae.* middangeard; *got.* midjungards. – *Graff IV,249 f.*

mittin-gart-: *dat. sg.* **-e** F 26,14; *acc. sg.* **-**] I 29,22. 43,15.

mittin-gardes: *gen. sg.* I 1,1. 30,9.

1) *der bewohnte Erdkreis* (*vgl. Matzel, Unters. S. 118 Anm. 60a*)*:* noh umbihringa mittingardes ęrdha *non fecerat ... cardines orbis terrae* I 1,1. *aft*er Christe *uu*as in mittingarte .. *meista*r umbi daz elidiut*iga qui post Christum fuit in mundo magister gentium insignis* F 26,14.

2) *Gesamtheit der Menschen, Menschheit:* ni sindun firstandande dhazs so selp so ir dhurah ueraldi aloosnin uuardh chiboran chisaghet, so sama auh uuard chiquhedan dhazs ir bi mittingardes nara chirista chimartirot uuerdhan *non intellegentes quia* (*sicut*) *propter redemptionem mundi illum dicit nasci, ita et pati oportuit* I 30,9. (*Gott*) zi imu chidhinsit allan mittingart *ad se omnem contrahat mundum* 43,15; *ferner:* 29,22 (*mundus*).

Vgl. mittigart, mittil(a)gart.

mittitag *st. m., mhd.* mittac, *nhd.* mittag; *mnd. mnl.* middach; *afries.* middei; *ae.* middæg; *vgl. as.* middi dag, *an.* miðdagr. – *Graff V,359.*

mitti-tage: *dat. sg.* Gl 1,520,49 (*M, clm 13002, 12. Jh.*); **mit-:** *dass.* ebda. (*M, clm 17403, 13. Jh.*).

mittidach Gl 3,205,11, mitte tac S 170,47, mitti tak H 3,7,3. 12,3,2 *s.* mitti *u.* tag.

Mittag: mittitage [*non timebis a timore nocturno, a sagitta volante in die, a negotio perambulante in tenebris: ab incursu, et daemonio*] *meridiano* [*Ps. 90,6*] (*9 Hss.* mittitagalîh, *3* mittartagalîh, *1 Hs.* mittitagîg).

Abl. mittitagalîh, mittitagîg.

Vgl. mittartag, mittilatag.

mittitagalîh *adj., mhd.* mittagelich, -tegelich, *nhd.* mittäglich; *mnd.* middāgelīk, *mnl.* middachlijc; *ae.* middæglíc. – *Graff V,359.*

Alle M, ab 10. Jh. belegt u. im Dat. Sing. Mask. Neutr.

mitti-taga-: -lihhemo Gl 1,520,42 (*2 Hss.*); **-lihemo** 43; **-tagi-: -lihhemo** 44; **-lihemo** 43; **-tage-lichimo** 44/45 (mitti[ta]-). – **miti-tago-lichemo:** Gl 1,520,46 (*2 Hss.*); **mit-:** 45.

mittäglich: mittitagalihhemo [*non timebis a timore nocturno, a sagitta volante in die, a negotio perambulante in tenebris: ab incursu, et daemonio*] *meridiano* [*Ps. 90,6*] (*3 Hss.* mittartagalîh, *2* mittitag, *1 Hs.* mittitagîg).

Vgl. mitteltagelich *mhd.*, mittartagalîh.

mittitagi Gl 1,579,65 *s.* mittitagĭgi.

mittitagîg *adj., mhd.* mittagic, -tegic, *nhd.* mittägig. – *Graff V,359.*

mitti-tagigemo: *dat. sg. m. n.* Gl 1,520,48 (*M*); **mitte-tagig-:** *dat. sg. m.* **-en** Np 90,6; **-in** Npgl ebda.

Verschrieben: **mitte-tagigin:** *nom. sg. m.* Npgl 90,7.

mittäglich: mittitagigemo [*non timebis a timore nocturno, a sagitta volante in die, a negotio perambulante in tenebris: ab incursu, et daemonio*] *meridiano* [*Ps. 90,6*] Gl 1,520,48 (*9 Hss.* mittitagalîh, *3* mittartagalîh, *2* mittitag); *z. gl. St.* fore demo mittetagigen dieuale Np 90,6. ze dir nenahet ruina . et demonium *meridianum* (der fal ioh mittetagigo tiefel) Npgl 90,7; *ferner:* 6 (Np *meridianus*).

Abl. mittitagĭgî.

mittitagĭgî *st. f.* – *Graff V,359 s. v.* mittitagig.

Alle M, ab 10. Jh. belegt.

mitti-tagigi: *gen. sg.* Gl 1,579,64 (*4 Hss.*).

Verschrieben: **mitti-tagi:** *gen. sg.* Gl 1,579,65.

Mittag: mittitagigi [*oculi domini super timentes eum, protector potentiae, firmamentum virtutis, tegimen ardoris, et umbraculum*] *meridiani* [*Eccli. 34,19*] (*1 Hs.* mittilatagĭgî, *1* mittartag).

Vgl. mittartag, mittilatag, mittilatagĭgî, mittitag.

mittiuerh-, mittiuerihi *s.* mittifer(a)hî.

mittiverehet Gl 1,504,11 *s.* mittifer(a)hen.

mittiverihi *s.* mittifer(a)hî.

mittiuuehha *sw. f., mhd.* mittewoche *f. m., nhd.* mittwoch(e) *f. m.*; *mnd.* mitwēke(n) *m. f., mnl.* middeweke *f. m.* – *Graff I,702.*

mitt-wocha: *nom. sg.* Gl 3,205,7 (*SH B*); **mitde-:** *dass.* 397,1 (*Hildeg.*); *zu* -o- *vgl. Braune, Ahd. Gr.*[15] *§ 29 Anm. 4.*

mittw[s]hi Gl 4,151,5 *s.* mittithuuerahî; mittauuechun Np 93,Prooem. *s.* mitti *u.* uuehha.

Mittwoch: mittwocha *dies Mercurii vel quarta sabbati vel feria* [*Hbr. II,69,35*] Gl 3,205,7. *aleziz feria IIII* 397,1.

? gi-**mittiuuerdan** *st. v.*

Praes.: **ke-mitti-werdent:** *3. pl.* Gl 1,517,65 (*M, clm 4606, 12. Jh.; Nachdeutung aus urspr.* gimittiferahen*?*).

die Mitte von etw. erreichen (*?*): kemittiwerdent [*viri sanguinum, et dolosi non*] *dimidiabunt* [*dies suos, Ps. 54,24*] (*9 Hss.* gimittifer(a)hen, *1 Hs.* gimittithuuerahen, *1* gimitten).

? **mittiuuil** *s.* ?mittiuuil(li).

? **mittiuuil(li), mittul(li), mittil** *st. n.* (*zur Bildg. u. späteren Angleichung an das Adj.* mittil *vgl. Lippe, Ahd. II,1174–1179*); *as.* middel, middul; *vgl. ae.* meduma, meoduma *m.* – *Graff II,707.*

Belege im Nom. Sing., falls nicht anders angegeben.

mitti-uuili: Gl 1,394,14 (*Sg 299, 9. Jh.; Hs.* -uuilif, f *für francisce, vgl. Steinm.*); **mit-uuilli:** 383,53 (*3 Hss., darunter Sg 9, 9. Jh., Sg 295, Gll. 9./10. Jh.* (*?*); *lat. abl.*). – **mitt-uul:** Gl 3,620,58; **mit-uuil:** 1,394,14/15. 3,659,3.

mittull-: -i Gl 1,401,16 (*M, 5 Hss.*). 411,7 (*Rb*). 2,81,10 (*Sg 193, 8./9. Jh.*); *dat. sg.* **-e** 1,386,39 (*M*). 388,40 (*Rb*); **mittuli:** 283,61 (*Jb-Rd*). 408,28 (*Rf*). 2,318,49; **mitvlli:** 4,149,12 (*Sal. c*). – **mittul:** Gl 1,401,17 (*M*). 407,38 = Wa 75,13 (*2 Hss.*). 4,346,18.

mitt-il: Gl 1,401,17 (*M, 6 Hss., vgl.* Gl 5,91,17). 3,619,49. 636,6 (-i[t]t-). 664,64. 4,74,45 (*Sal. a1, 5 Hss.*). 171,19 (*Sal. d*). 266,16 (*M*). Mayer, Glossen S. 111,3 (*Paris Lat. 8670, 9. Jh.; lat. nom. acc. pl.*). Meineke, Ahd. S. 34,270 (*Sal. a1*); **-el:** Gl 3,150,41 (*SH A, 4 Hss.*). Hbr. I,328,186 (*SH A*); **mitil:** Gl 3,150,42 (*SH A*). 371,62 (*Jd*). 658,8. – **mithil:** Gl 1,297,5 (*Paris Lat. 2685, 9. Jh.*).

Verschrieben: **mirtil:** Gl 1,401,18 (*M*).

Mit Übergang zum Fem. in spätem Beleg: **mitulla:** Gl 4,74,45 (*Sal. a1, Ink., 15. Jh.; zu* -a *vgl. in ders. Hs. auch* vilsfulla Gl 4,93,52, *Ahd. Wb. 3,849 s. v.* filzfullî).

Weberbaum (*vgl. DWb. XIII,2657 f., Lippe a. a. O. S. 1172 f., Rosenfeld, Wort- und Sachstud. S. 83 f.*): mittuli siue anapint [*hastile autem hastae eius* (*des Riesen Goliath*) *erat quasi*] *liciatorium* [*texentium, 1. Reg. 17,7*] Gl 1,283,61, *z. gl. St.* mithil 297,5. 394,14. 401,16 (*1 Hs.* uuebbiîsan). 407,38 = Wa 75,13. 408,28. 411,7. 4,266,16, *wohl auch* 2,81,10 (*unter Gll. zu Caes. Hom., ohne feststellbaren Zushg., es folgt* uuepantero *texentium*). mittuli *liciatorium* [*ohne Kontext*] 318,49. licia vizza quibus stamina ligantur, quasi ligia. *Liciatorium* mittel [*Hbr. I,328,186*] 3,150,41. Hbr. I,328,186. mittil *liciatorium* Gl 3,619,49. 620,58. 636,6. 658,8. 664,64. 4,74,45. 149,12. 171,19. Mayer, Glossen S. 111,3. Meineke, Ahd. S. 34,270. mittul *hoc licium ... inde liciatorium* [*Tract. anon. de primis syll.*] Gl 4,346,18; – *Fehlübers.* (*?*), *oder auch Bez. für* (*Web-*)*Faden* (*?*): mituuilli [*si septem crines capitis mei cum*] *licio* [*plexueris, ... infirmus ero* (*Simson*), *Jud. 16,13*] Gl 1,383,53, *z. gl. St.* mit mittulle kiualdis edo kipintis 388,40. mittulle [(*Samson*) *consurgens de somno extraxit clavum cum crinibus et*] *licio* [*Jud. 16,14, vgl. Anm. 7* (*Lemmaverschiebung?*)] 386,39 (*zu licio, Jud. 16,13 von den Parallelhss. 2* fizza harluf, *1 Hs. nur* fizza, *1 nur* harluf). mituuil *licium* 3,659,3; – *mit unklarem lat. Lemma:* mitil *pannaida*

Gl 3,371,62 (*zum lat. Lemma vgl. panucula 'Garn(-spule)', Thes. X,216 f., bes. 216,70 u. 217,7–16*).

Vgl. Lippe a. a. O. S. 1165 ff.

Vgl. middilbôm *as.*

mittragan *s.* mit-tragan.

mittul, mittulli *s.* ?mittiuuil(li).

mittundes *s.* midduntes.

mittunt, -ont *s.* middunt.

mittuul Gl 3,620,58 *s.* ?mittiuuil(li).

mittw^s^hi Gl 4,151,5 *s.* mittithuuerahî.

mittwocha Gl 3,205,7 *s.* mittiuuehha.

mitulla Gl 4,74,45 *s.* ?mittiuuil(li).

mituuâri *s.* mit(i)uuâri.

mituuârî *s.* mit(i)uuârî.

mituuil(-) *s.* ?mittiuuil(li).

miua Gl 3,589,28 (*Oxf. Jun. 116F*) *solago maior* [*vgl. Apul., Herb. LXIII*] *ist unklar; zu solago vgl. wohl Marzell, Wb. 2,791 s. v. heliotropium europaeum 'Sonnenwende'; das Ahd. Gl.-Wb. S. 428 erwägt eine Zuordnung zur Pflanzenbez.* mûsôra *sw. n. 'Kleines Habichtskraut'.*

miure *laureola* Gl 3,530,20 (*clm 615, 14. Jh.*) *ist unklar; zu lat. laureola 'Lorbeer-Seidelbast' vgl. Marzell,* Wb. *2,29 ff.; Steinm. z. St. hält* minre *zu* minniro *adj. als Bestandteil einer Pflanzenbez. für wenig wahrscheinlich; handschriftlich erwägt er auch die Lesung* musore, *s. v.* mûsôra *st. n. ist das lat. Bezugswort jedoch nicht bezeugt.*

miurheimo Hbr. II,61,113 *s.* heimo *u.* mûhheimo.

miusi *s.* mûs.

miusîn *mhd. adj. – Graff II,873.*

mivsin: *nom. sg.* Gl 3,626,53 (*Wien 804, 12. Jh.*).

von der Maus: murinum (*danach* chezzin *catinum*).

[mixen *ae. n.* (*zum Genus u. zur Bildg. vgl. Casaretto S. 527, Sievers-Brunner, Ae. Gr. § 119*); *vgl. mnl.* messene *f.*

mixin: *nom. sg.* Gl 2,596,16 (*Ld.; vgl. Michiels S. 25*); *dat. oder instr. pl.* **-]num** 597,52 (*Ld., Sg 299, 9. Jh., 1 Hs.* -ū; *zum Kasus vgl. Hessels, Leid. Gl. S. 183*); **-]nun** 598,51 (*Schlettst., 12. Jh.; zu ahd.* -un *statt ae.* -um *vgl. Michiels S. 35*).

Misthaufen: mixinnum [*sed cum … religiosa femina* (*sc. Helena, die Mutter Konstantins*) *properasset ad locum* (*in quo sacrosanctum corpus Christi patibulo adfixum pependerat*) *…, in altum purgatis*] *ruderibus* [*tres confuso ordine repperit cruces, Ruf., Hist. eccl. X,7 p. 969*] Gl 2,597,52. 598,51. mixin *ruder* [*ebda.*] 596,16; *zu lat. rudera n. pl. 'Schutthaufen' vgl. Sleumer S. 682.*

Vgl. mehs *as.*, mistun(na).]

mîza *sw. f.; ae.* míte. – *Graff II,654 s. v.* mucca.

mizz-: *acc. sg.* **-un** Gl 2,330,54 (*clm 14747, 9. Jh.*); *nom. pl.* **-un** 1,521,53 (*M*). 2,10,12. 3,453,30. – **miz-:** *nom. sg.* **-a** Gl 2,370,72 (*2 Hss., vgl.* Gl 4,507,6); *nom. pl.* **-un** 1,521,53/54 (*M*). 2,9,1 (*lat. abl. sg.; zur Wiedergabe der lat. Abl. durch ahd. Nom. vgl. die Hs.*). 69. 3,6,67 (*Voc.*). 15,52.

Stechmücke, -fliege (*vgl. Wb. d. dt. Tiern. Sp. 685 f.*): mukkun ł mizzun (*1 Hs. nur* mîza) [*venit coenomyia: et*] *cinifes* (*Hs. sci-*) [*in omnibus finibus eorum, Ps. 104,31*] Gl 1,521,53 (*1 Hs.* zinzalas ł huntfliegin). mizun *scnifes* (*Hs. De scinife*) [*Aldh., Enigm. XXXVI, Überschr. p. 113*] 2,9,1. mizun [*minor existens gracili quam corpore*] *scnifes* (*Hs. scinifes .i. minores muscae*) [*ebda. XCIII p. 141*] 69. *scinifes minimae muscae* [*ebda.*] 10,12. mizzun lancpeinna mukka *culicem* [*liquantes, et camelum glutientes, Hier. in Matth. 7,3–5 = Matth. 23,24*] 330,54. miza muca (*1 Hs. nur* miza, *vgl.* Gl 4,507,6) [*alia … masculina sunt: hic vertex,*] *culex* [*pollex, Prisc., Inst. II,164,23*] 370,72. mizun *scinifes* 3,6,67. 15,52. 453,30.

m&^i^zil Gl 3,656,9 *s.* meizil.

mizo Gl 4,56,36 *s.* mezzo[1].

mizz- *s. auch* mîz-.

mizzo Meineke, Ahd. S. 31,178 *s.* mezzo[1].

mo Gl 3,597,46 *s.* mago[2].

mo Mayer, Glossen S. 59,13 *s.* selb.

mo Mayer, Glossen S. 61,4 *s.* ther, thiu, thaz *oder* thesêr, thisiu, thiz.

mo Mayer, Glossen S. 61,8 (*clm 4542, 9. Jh.*) *zu:* [*vitae etenim nostrae veteri in vitiis*] *enutritae* [*contrarietatem opposuit novitatis suae, Greg., Hom. II,32, PL 76,1232C*] *ist aufgrund der abkürzenden Schreibung u. der verschiedenen, bisher nur zu lat. nutrire belegten Übersetzungswörter keinem ahd. Ansatz sicher zuzuordnen; das Ahd. Gl.-Wb. S. 764 erwägt* giziohan *st. v.; erkennbar ist die Endung des Dat. Sing. Mask. oder Neutr. eines* (*Part.-*)*Adj.*

mo *s.* er, siu, iz.

mo- *s. auch* muo-.

moa- *s.* muo-.

moadet Gl 1,601,25 *s.* ni *u.* ôden.

mŏathsorchi Gl 2,321,15 *s.* muotscahhî.

? **mŏcho** *sw. m. oder* ? **mŏcha** *st. sw. f.*

moche: *nom. sg.* Beitr. (Halle) 85,235,13 (*Vat. Urb. lat. 293, 11./12. Jh.; Hs.* -ô-).

(*Taumel-*)*Lolch, Lolium temulentum L.* (*? Vgl. Marzell, Wb. 2,1361 f.*), *ein giftiges Unkraut: lolium.*

mŏda Wa 63,4 *s.* muoter.

moderana Gl 5,39,3 *s.* muoterana.

moderia Gl 1,475,17 *s.* muotera.

[môdfaga *as. st. f.; zum Ansatz vgl. As. Hwb. S. 277.*

mot-faga: *nom. sg.* Gl 1,298,39 (*Paris Lat. 2685, 9. Jh.*).

Entschädigung: satis motfaga fuisset [*nach Steinm. wohl zu: trahebant Iasonem, et quosdam fratres ad principes civitatis … Et accepta*] *satisfactione* [*a Iasone, et a ceteris, dimiserunt eos, Acta 17,9*] (*vgl. auch La. accepto satis ab Iasone, Fischer-Weber 2,1727*).]

modul *st. n.; vgl. die Neuentlehnungen mhd.* model *st. n. m., nhd.* model *m. n., mnd.* mōdel; *aus lat.* modulus (*vgl. dazu K.-T. 7A,153*). – *Graff II,707.*

modul: *nom. pl.* Ns 614,28/29 [296,8].

Satzbestandteil, der die Art eines Syllogismus kennzeichnet; Bindeglied wie lat. si, nec, aut (*von Notker geprägter Terminus technicus für 'Konjunktion'*): si conditionalis est (iste syllogismus) . ubi sunt formulae eius? Vuar sint siniu (*des Syllogismus*) modul . si . nec .

aut . coniunctiones? (*zum Verständnis der Stelle u. zur Absicht Notkers zu zeigen, wie sich der logische Vorgang in der grammatikalischen Konstr. ausdrückt, vgl. Wagner, Notker S. 76. 67 f.*).

[? **módwácness** *ae. st. f.*; *zum konjizierten Erstglied* mód- *vgl. Hoffmann, Beitr. (Halle) 85,64, Ahd. Gl.-Wb. S. 420.*

Verstümmelt: **..vacnisse:** *dat. sg.* Beitr. (Halle) 85,61,70 (*Würzb. Mp. th. f. 79, Gll. 8. Jh.; anders Gl.-Wortsch. 12,23 s. v.* mōdfāgnes *ae. f.*); *s. u.*

Kleinmut: *modwacnisse* [*o homo, ... quare tanta*] *pusillanimitate* [*deiiceris? Is., Syn. 1,22 p. 833*]; *Hoffmann a. a. O. S. 64 stützt seine Konjektur auf Bildungen mit* mód- *als Determinatum* (*ae.* wácmódness, *ahd.* uueihmuot *st. m. n.*) *in gleicher Bed. sowie auf Bildungen mit* mód- *als Determinans* (*ae.* módþwǽrness *'Sanftmut, Geduld' u. a.*); *vielleicht sind auch ae.* wácness *st. f. und eine Glosse zum vorausgehenden Adj. lat. tanta zu erwägen.*]

moht Gl 1,539,29 *s.* molt[1].

moht Gl 1,623,3, *neu gelesen als* ..ht, *s. dort* (*Ahd. Wb. 4,1311*).

moita Gl 2,660,16 *s.* muoen.

moizigiu Gl 2,414,7 *s.* mâzîg.

mol *st. m.*, **molo** *sw. m.*, *mhd.* mol, molle *st. sw. m.*, *nhd. dial. schweiz.* mol *Schweiz. Id. 4,172 f.*, *schwäb.* molle *Fischer 4,1732*, *rhein.* moll *Rhein. Wb. 5,1248*; *as. mnd. mnl.* mol; *vgl. nhd.* molch. – *Graff II,719 s. v.* mol.

Belege im Nom. Sing., wenn nicht anders angegeben.

mol: Gl 1,291,58 (*Jb-Rd*). 341,35 (*2 Hss., darunter Sg 283, Hs. 9. Jh.*). 343,30 (*3 Hss., darunter Sg 295, Gll. 9./10. Jh.?*). 348,59 (*M, 12 Hss.*). 355,24 = Wa 74,35. 366,17 (*Sg 296, 9. Jh.*). 526,29 (*2 Hss.*). 539,27 (*M, 5 Hss.*). 542,57 (*Rb*). 543,51 (*Ja*). 801,23 (*clm 14747, 9. Jh.*). 2,5,32 (*Fulda Aa 2, 9. Jh.*). 369,50 (*2 Hss.*). 374,30 (*übergeschr.*). 704,8. 716,34 = Wa 109,15 (*Jh*). 719,15 = Wa 115,4. 3,82,44 (*SH A, 7 Hss.*). 202,40 (*SH B*). 257,35 (*SH a2, 3 Hss.*). 288,37 (*SH b, 2 Hss.*). 309,27 (*SH d*). 346,19 *u.* Anm. 5 (*SH g, 2 Hss.*). 366,34 (*Jd*). 452,27 (*cgm 5248,2, 9. Jh.*). 39. 454,3. 674,42. 692,30 (*2 Hss.*). 4,161,2 (*Sal. c*). 3 (*Sal. c*). 230,29 (*clm 14456, Gll. 9. Jh.?*). 255,41 (*8 Hss., darunter Wolf. Wiss. 29, Gll. 9. Jh.?*). 256,39 (*M*). 257,38. 276,30 (*M*). Add. II,58,21 (*Le Mans 213, Hs. 9. Jh.*). 59,19. 61,5. 62,1. Beitr. (Halle) 82 (Sonderband),137 (*Vat. Pal. 14, Hs. 9. Jh.*). 86,394,67 (*Wolf. Wiss. 50, 9. Jh.*). Hbr. I,154,559 (*SH A*). Mayer, Glossen S. 85,22. Sprachwiss. 38,190,A11. 191,B9. 193,D11. 194,F11. 196,G11. 201,I15 (*Reims 130, Hs. 9.?/10. Jh.*). 204,L11. Stricker II,91,1 (*SH*). – *Hierher auch (?):* **moll:** Gl 4,255 Anm. 1 (*verschr.?*).

molo: Gl 4,161,3 (*Sal. c, mus. Brit. Add. 18379, 13. Jh.*); **mollo:** Thies, Kölner Hs. S. 184,24 (*SH, Köln Hist. Archiv W* 91, 13. Jh.*); *vgl. Lühr, Expressivität S. 201 u. 205.* – *Hierher auch (?):* **mola:** *nom. sg.?* Gl 1,539,28 (*M, clm 14689, Hs. 12. Jh.; lat. sg.*); *oder pl. u. zu* mol *st. m., so Ahd. Gl.-Wb. S. 420; im Gl.-Wortsch. 6,424 als fraglich s. v.* molo *sw. m.*

mol (twurm *übergeschr.*) Gl 3,346,19 *u.* Anm. 5 *s.* moltuuurm.

Molch, Salamander, auch Eidechse (*? Zu üblichen u. häufig vorkommenden Verwechslungen, Vermischungen u. Übergängen bei volkstümlichen Bez. niederer Tiere vgl. Schweiz. Id. 4,172 f. s. v.* mol): mol [*haec quoque inter polluta reputabuntur de his, quae moventur in terra ...*] *stellio* [*, et lacerta, et talpa, Lev. 11,30*] Gl 1,291,58. 343,30 (*1 Hs.* molt[1]). 348,59 (*1 Hs.* moltuuurm). 355,24 = Wa 74,35. 4,256,39. 257,38. Beitr. (Halle) 82 (Sonderband),137. Mayer, Glossen S. 85,22, *z. gl. St.* stelio papilio mol siū (*l. sive*) krillosi (*l.* krillo, *si wohl für ein weiteres, fälschlich ausgehobenes sive, vgl. Anm.*) Gl 1,801,23. stelio. bestia uenenata .i. genus lacertę. ł mol (ut alii uolunt) 341,35. 366,17 (*vgl.* Anm. 10). 4,255,41 (*3 Hss. volunt, 5 dicunt*), *hierzu auch* 4,255 Anm. 1. Add. II,58,21. 59,19. 61,5. 62,1. Sprachwiss. 38,190,A11. 191,B9. 193,D11. 194,F11. 196,G11. 201,I15. 204,L11 (*alle Walahfr., Epitome commentariorum Rabani in Lev. XI, PL 114 = ebda.*). mol *stellio* [*manibus nititur, et moratur in aedibus regis, Prov. 30,28*] Gl 1,526,29. 539,27 (*2 Hss.* molt[1], *1 Hs.* molm, *1* moltuuurm). 542,57. 543,51. 4,276,30. mol [*alia omnia masculina sunt, ut:*] *stellio* [*... carbo, sermo, Alc., Gr. p. 863*] 2,5,32. mol *stellio* (*animal*) [*zu: masculina sunt ut hic*] *stellio* [*Prisc., Inst. II,145,17*] 369,50. 374,30, *z. gl. St.* mol *stellio* (*genus vermis*) Beitr. (Halle) 86,394,67. mol [*nam saepe favos ignotus adedit*] *stelio* [*et lucifugis congesta cubilia blattis immunisque sedens aliena ad pabula fucus, Verg., G. IV,243*] Gl 2,704,8. 716,34 = Wa 109,15. 719,15 = Wa 115,4. stellio dictus, quod in modum stellarum pictus in tergore sit id est mol [*Hbr. I,154,559*] 3,82,44. Hbr. I,154,559 (*beide im Abschn. De serpentibus*). mol *stellio* Gl 3,202,40 (*im Abschn. De serpentibus*). 346,19 *u.* Anm. 5 (*1 Hs.* moltuuurm). 366,34 (*im Abschn. terrestria animalia*). 452,27. 39. 454,3. 692,30. 4,161,2. 230,29. 257,38. Thies, Kölner Hs. S. 184,24. mol *stellio* (*venenosa*) ... *genus/similis lacertae* [*Hbr. II,483,396*] Gl 3,257,35. 309,27. *stellio* (*venenosa*) ... (*tergo depictus*) ... *stellarum* [*ebda.*] 288,37 (*1 Hs.* moltuuurm). moltwerfe ł scere ł mol ł olm *stelio talpa* (*talpa über* moltwerfe *geschr.*) 674,42. stelio molo .t. paruum animal similis egedehse .t. 4,161,3 (*vgl.* Beitr. 73,221; *Steinm. simile*). stellio .i. mol genus est lacertae de colore *in*ditum (*Hs.* incli-) nomen habens; est enim te*r*go*re* (*Hs.* tego) pictu*s* (*Hs.* -m) luce*ntibus* (*Hs.* lucem cibus) guttis in modum stellarum et qui manibus utitur Stricker II,91,1 (*vgl. Hbr. II,483,396*).

Komp. vêchmol *mhd.*

Vgl. molm, molt[1], moltuuerf, moltuuurm, olm.

[SEEGER]

molauantan Gl 2,405,15 *s.* mol(a)uuên.

mol(a)uuên *sw. v.* (*zu* -uu- *nach* l *vgl. Schatz, Ahd. Gr. § 288*); *vgl. ae.* molsnian. – *Graff II,713 s. v.* molawên (molawjan?).

moluu-: *part. prs. dat. pl.* **-enten** Gl 2,386,69 (*vgl.* Kleiber, Otfrid S. 150 Anm. 686; *Wolf. Wiss. 77, 9. Jh.; Steinm.* molo-). 565,43 (-ᵘu-); **-enden** 385,66. – **moluentē:** *part. prs. dat. pl.* Gl 2,565,43.

Mit Sproßvokal: **molavventen:** *part. prs. dat. pl.* Gl 2,459,3 (*2 Hss., 1 Hs.* -vu-). 526,14; **molauantan:** *dass.* 405,15 (*Prag VIII. H. 4, Hs. 11. Jh.; zu* -a- *für* -ê- *vgl. Braune, Ahd. Gr.*[15] *§ 368 u. Anm. 1a*); **moleuu-:** *dass.* **-enten** 514,17 (*2 Hss., 1 Hs. Randgl.*); **-enton** 543,69 (*mus. Brit. Add. 34248, 11. Jh.; verschr.*); **moluuu-:** *dass.* **-enten** 383,9/10 (-vu-); **-enden** 9.

[*Lat. ist:* maleuiuentib; Gl 2,578 Anm. 9 (*übergeschr.*); *es liegt wohl eine Umsetzung aus nicht mehr verstandenem ahd.* moleuuenten, *part. prs. dat. pl., in lat. maleviventibus vor.*]

verwesen: moluuuenden [*ergo animam factam magno et factore minorem ... conruptela putris nascentem turbida carnis concipit ac membris*] *tabentibus* (*Glosse: putrescentibus, vgl. PL 59*) [*interfusam participat de faece sua, Prud., Apoth. 817*] Gl 2,383,9. 385,66. 386,69 (*vgl.* Kleiber, Otfrid S. 150 Anm. 686). 405,15. 459,3. 514,17. 526,14. 543,69. 565,43.

Vgl. mullen, firmullen; malan.

molbret *s.* moltbret.

molchtere *mfrk. st. m.*; *mnd.* mülter *n. m.*, *mhd.* multer *m. n.*, *nhd.* (*älter*) molter, multer *m. n.*, *nhd. dial. schwäb. bair.* mülter *n. Fischer 4,1801, Schm. 1,1596, rhein.* molter *m. f. Rhein. Wb. 4,1249 f.*, *pfälz.* molter, multer *m. n. f. Pfälz. Wb. 4,1393, westfäl.* multer *n. Woeste S. 180*; *zur Bildg. neben* ?mulsteri *as. vgl. Frings, Germ. Rom. II,327 f. u. ders., Beitr. 82 (Sonderband), 388 ff.*

molchtere: *nom. sg.* Gl 3,382,43 (*Jd*); *nach Ahd. Gl.-Wb. S. 423 Zuordnung zu* multere *fraglich, im Gl.-Wortsch. 6,448 zu* multere *st. m.*

Mahllohn, Lohn des Müllers: molchtere *emolumentum.*]

Vgl. ?mulsteri *oder* mulstra *as.*

[**moldikîn** *as. st. n.*, *mnd.* möldeke.

moldekin: *nom. sg.* Gl 3,718,9 (*Berl. Lat. fol. 735, 12. Jh.*).

kleiner Trog: capisterium.

Vgl. muolta.]

molenerse *mfrk. st. f.*; *mnd.* mölnersche, *mnl.* molenerse, mulnerse *s. v.* molenarinne; *vgl. mhd.* müllnærin(ne), -în, *nhd.* müllerin; *zur Bildg. vgl. Henzen, Wortb. § 96, Bergmann, Mfrk. Glossen S. 270 ff.*

mõlenerse: *nom. sg.* Gl 3,379,24 (*vgl.* Litbl. 18,76; *Jd*; ind^s^lenerse *Steinm.*).

Frau des Müllers: molendinaria (*davor* clusenerse *inclusa; im Abschn. Nomina dignitatum*).

Vgl. mulinâri.

mǒlhta Gl 3,294,20 *s.* melta.

moli Gl 4,192,16 *s.* molt¹.

[**molken** *as. st. n.*, *mnd. mnl.* molken; *mhd.* molchen, molken, *nhd.* molke *f.*, *dial. rhein.* molken *Rhein. Wb. 5,1242 s. v.* molke, *meckl.* molken *f. n. Woss.-Teuch. 4,1244*; *ae.* molcen.

molken: *nom. sg.* Gl 5,48,15 (*Trier 40, 10. u. 11. Jh.*).

Milcherzeugnis bei der Käseherstellung (Molke oder geronnene Milch, Dickmilch, Quark?): galmum [*vgl.* moleng *galmum, CGL V,363,28*] (*zum lat. Lemma vgl. Thes. VI,1687,69 u. DML IV,1048^b^ s. v.* galmula; *zu* moleng *ae. n.* (?) *vgl. Bosw.-T. S. 696 s. v.* molegn).]

moll Gl 4,255 Anm. 1 *s.* mol.

mollia *mollia* Gl 3,576,40 (*clm 11481, Hs. 14. Jh.; zwischen Pflanzenbez.*) *ist nicht gedeutet. Steinm. erwägt Zuordnung zu* malua, *so auch Gl.-Wortsch. 6,245 s. v.* malva *'Malve'. Liegt nur eine Wiederholung des unklaren lat. Lemmas vor?*

mollo Thies, Kölner Hs. S. 184,24 *s.* mol.

molm *st. m. – Graff II,719 s. v.* mol.

Alle Belege im Nom. Sing.

molm: Gl 1,539,28 (*M, clm 18140, 11. Jh.; übergeschr.*). 4,312,4 (*clm 18181, 11. Jh.*); **malm:** 2,7,3 (*clm 6404, Hs. 9. Jh.; l.* molm, *Steinm., zu* -a- *für* o *vgl. Braune, Ahd. Gr.¹⁵ § 32 Anm. 6, Beitr. 11,291; oder verschr.?*).

Molch, Eidechse: molm *stellio* [*manibus nititur, et moratur in aedibus regis, Prov. 30,28*] Gl 1,539,28 (*5 Hss.* mol, *2* molt¹, *1 Hs.* molo, *1* moltuuurm). molm [*alia omnia masculina sunt, ut:*] *stellio* [*... carbo, sermo, Alc., Gr. p. 863*] 2,7,3. molm [*sic sorix*] *stelio* [*musca, Aur. Aug., Regulae p. 506,8*] 4,312,4.

Vgl. mol, molo, molt¹.

molo *s.* mol.

molt¹ *st. m. – Graff II,719 s. v.* mol.

Alle Belege im Nom. Sing.

molt: Gl 1,343,31 (*Sg 9, 9. Jh.*). 539,29 (*M*). 5,8,2 (*M*).

Verschrieben: **moht:** 1,539,29 (*M, clm 14745, 14. Jh.*); *hierher vielleicht auch* (*vgl. Ahd. Gl.-Wb. S. 420*): **moli:** 4,192,16 (*Melk K 51, 14. Jh.*).

molt (wrm *übergeschr.*) Gl 3,288,38 *s.* moltuuurm.

Molch, Eidechse: molt [*haec quoque inter polluta reputabuntur de his, quae moventur in terra ...*] *stellio* [*, et lacerta, et talpa, Lev. 11,30*] Gl 1,343,31 (*3 Hss.* mol). molt *stellio* [*manibus nititur, et moratur in aedibus regis, Prov. 30,28*] 539,29 (*5 Hss.* mol, *1 Hs.* molo, *1* molm, *1* moltuuurm). 5,8,2. stellio angvis similis lacerte .i. moli 4,192,16 (*1 Hs.* moltuuurm).

Vgl. mol, molo, molm.

molt² *s.* molta².

molta¹ *s.* melta.

molta² *st.* (*auch sw.?*) *f.*, **molt²** *st. m.*, *mhd.* molte *f.*, molt *m.*, molte *f.*, *nhd. dial. schwäb.* molte *m. Fischer 4,1733, bair.* molt, molten, molter *m.*, molt, molten *f. Schm. 4,1594*; *mnl.* moude *f.*; *afries.* molde *f.*; *ae.* molde *f.*; *an.* mold *f.*; *got.* mulda *f. – Graff II,713 s. v.* molta *f.* (*u.* molt? *m.*).

Starkes Fem.: **molt-:** *dat. sg.* **-v** Gl 2,437,36 (*von anderer Hand; ob nach* -v *noch* n *folgt, ist sehr zweifelhaft, Steinm.*). S 71,81 (*Musp.*); **-o** Gl 1,579,11 (*M, 5 Hss.*). 2,458,55 (*2 Hss., 1 Hs. auf Rasur*). *– Hierher auch (oder schwaches Fem.):* **molta:** *nom. sg.* Gl 1,8,29 (*KRa*). 168,4 (*PaKRa*). 169,4 (*R*). 249,27 (*Rδ*). 3,4,52 (*Voc.*). 4,101,15 (*Sal. a1, 2 Hss.*); **multa:** *dass.* 17 (*Sal. a1, Prag, mus. Bohem., 13. Jh.; übergeschr.*).

Starkes Mask.: **molt:** *nom. sg.* Gl 1,451,57 (*M; übergeschr.*). 2,153,52 (*lat. dat. pl.*). 402,66. 432,51 (*von anderer Hand, Randgl.*). 480,65 (-lt *durch Loch teilweise zerstört, Steinm.*). 5,92,36 (*vgl.* Steinm., Beitr. S. 25 Anm.; *nach* Gl 1,456,4). Amsterd. Beitr. 19,97,92. Npw 103,29; *dat. sg.* **-]e** Gl 2,627,46 (*von zweiter Hand*); *acc. sg.* **-]** S 375,5 (*Straßb. Blutsegen; nach Kögel, Lit.-Gesch. I,1,263 f.* fold); **muolt:** *nom. sg.* Gl 4,101,16 (*Sal. a1, Zwettl 1, 12. Jh.; verschr.?*). *– hierher auch:* **molt:** *nom. sg.* Gl 4,101,16 (*Sal. a1, Ink., 15. Jh.*). 123,40 (*Sal. a2, Ink., 15. Jh.*). 162,35 (*Sal. c, 13. Jh.*).

Nicht sicher zuordenbar: **molt-:** *nom. pl.* **-a** Gl 2,432,49 (*2 Hss.*). 505,50; *dat. pl.* **-vn** 423,58 (*von anderer Hand*).

1) *Staub, Erde:* angar rucchi fuhti molta *arva fuma humus tellus* Gl 1,8,29 (*zum fälschlich als lat. Praep. a aufgefaßten u. zu terra gestellten letzten Buchstaben eines verdrängten* molta *bei Pa vgl. Splett, Stud. S. 60; Pa* fuhti). molta herda (*fehlt Ra*) *humo* (*wohl statt humus*) *terra* 168,4 (*zum inkongruenten lat. Kasus vgl. Splett* *a. a. O. S. 243*). humus terra ł molta 169,4. *solum* 249,27. molto ł herde (*3 Hss. nur* erda) [*omnes homines de*] *solo* [, *et ex terra, unde creatus est Adam, Eccli. 33,10*] 579,11. in michilero moltv [*huius* (*des Seils*) *ad extremum, sequitur qua*] *pulvere summo* [*cornipedum refugas orbita trita vias, crura viri innectit laqueus, Prud., P. Hipp.* (*XI*) *101*] 2,437,36. molte [*ne* … (*die Tenne*)] *pulvere* [*victa fatiscat, Verg., G. I,180*] 627,46. molta *humos* (*sc. humus*) 3,4,52 (*davor* erda *terra*). (*zum Jüngsten Gericht*) scal manno gilih fona deru moltu arsten, lossan sih ar der*u* le*uuo* uazzon S 71,81. Vro unde Lazakere ke*i*ken molt petritto 375,5 (*zur Glossierung vgl. Mettke, Dicht. S. 94 f.; nach Kögel, Lit.-Gesch. I,1,263 f.* fold). nimest du … iro ubermuot … unde iruuintent ze demo gedancha daz si molt sint *deficient et in pulverem suum revertentur* Npw 103,29 (Np *pulvis;* Npgl stuppe); – *hierher wohl auch:* terrę optima terra est molt [*zu: abiit ergo ab eo electo*] *terrae* [*tempore, 4. Reg. 5,19*] Gl 1,451,57, *z. gl. St.* nam tempor temporis. optima terra est. molt 5,92,36 (*vgl.* Steinm., Beitr. S. 25 Anm.; *nach* Gl 1,456,4). molta *tempor temporis terra* 4,101,15 (*3 Hss. tempor, 2 temporis terra*). 123,40. *tempor* 162,35; – *Asche:* moltvn [*cerneres coire membra de*] *favillis* [*aridis, frigidum venis resumptis pulverem tepescere, Prud., H. o. horae* (*IX*) *100*] Gl 2,423,58.

2) *Gestein, Geröll:* molt [*nisi egesta prius omni repurgatione vitiorum, et effusis succidiis mortuisque*] *ruderibus* [*passionum, vivae* (*ut aiunt*) *ac solidae terrae pectoris nostri, Cassian, Coll. IX,2 p. 773*] Gl 2,153,52. rudera hoc rudus. ris molt [*zu: aurum, quod ardenter sitis, effossa gignunt*] *rudera* (*Glosse: rudera dicunt maceriam ruinae, vgl. PL 60*) [*Prud., P. Laur.* (*II*) *190*] 402,66, *z. gl. St.* rudera hoc rus. ris molta (*1 Hs. noch* aruzzi, *dazu Randgl.* hoc rudus huius ruderis .i. molt) 432,49 (*nach Gl.-Wortsch. 6,425 noch Gl. stercus?*), hoc rus. ruris .i. molt 480,65 (*zur Glossierung u. formalen Inkongruenz zum Lat. vgl. Kölling S. 204*), arici, *dazu Randgl.* stercora ł molta *rudera* 505,50 (*1 Hs. nur* aruzzi), molt *rudera* Amsterd. Beitr. 19,97,92 (*zur Glossierung vgl. Beitr. 33,36 f.*). arize ł molto [*non sicut sculptor ab aeris*] *rudere* (*Glosse: mina a terra, ubi aes tollitur, vgl. PL 59*) [*decoctam consuescit vivere massam; sed deus omnipotens orbem sine semine finxit, ders., Apoth. 725*] Gl 2,458,55 (*zur Alternativgl. vgl. Götz, Glossen S. 121*).

Abl. multen.

moltbret *st. n., mhd.* moltbret, *nhd.* (*älter*) moldbret, *nhd. dial. schwäb.* moltbrett *Fischer 4,1733, bair.* moltbrett *s. v.* molt *Schm. 4,1594*; *as.* moldbred. – *Graff III,289.*

molt-pret: *nom. sg.* Gl 2,627,30 (*clm 18059, Gll. 11. Jh.* (*?*)*; nach Velthuis S. 40 Sing.; lat. pl.*). 4,185,40 (*lat. pl.*). – *Mit Dentalschwund* (*vgl. Gröger § 126,2cα*)*:* **mol-bret:** *nom. sg.* Gl 3,719,56 (*Berl. Lat. fol. 735, 12. Jh.; l.* moltbret, *Steinm.*).

Scharbaum, Streichbrett (*am Pflug*)*:* moltpret [*huic a stirpe pedes temo protentus in octo, binae aures, duplici aptantur*] *dentalia* [*dorso, Verg., G. I,172*] Gl 2,627,30 (*vgl. dentale est lignum in quod vomer inducitur, Serv.*). molbret *dentale* 3,719,58 (*danach* egethe *epica*). *dentales* 4,185,40.

Vgl. Heyne, Hausalt. 2,36 f. u. 37 Anm. 43. Beck, Pflug S. 82 ff.

moltfer Hbr. I,151,506 *s.* moltuuerf.

moltist Gl 2,679,68 *s.* multen.

moltrum Gl 4,185,33 *s.* moltuuurm.

moltsuuam *st. m.*

molt-suuam: *nom. sg.* Beitr. (Halle) 86,394,74 (*vgl.* Kleiber, Otfrid S. 150 Anm. 685*; Wolf. Wiss. 50, 9. Jh.*); **-suuom:** *dass.* Gl 2,7,19 (*clm 14737, 9./10. Jh.*).

Trüffel (*vgl. Marzell, Wb. 4,841 ff.*)*:* moltsuuom [*regnum, numen,*] *tuber* [*Alc., Gr. p. 514*] Gl 2,7,19. moltsuuam *gippus vel tuber* [*zu: neutra sunt … ut*] *tuber* [, *cadaver, Prisc., Inst. II,150,15*] Beitr. (Halle) 86,394,74 (*vgl.* Kleiber, Otfrid S. 150 Anm. 685).

moltuuép Gl 3,685,47 *s.* moltuuerf.

moltuuerf *st. m., mhd.* moltwerf, *nhd. dial. rhein.* moltwerf *Rhein. Wb. 5,1251 ff.*; *vgl. mnl.* moudewerp, *an.* moldvarpa *f.* – *Graff I,1040 s. v.* muuuerf.

Alle Belege im Nom. Sing.

molt-uuép: Gl 3,685,47 (*Berl. Lat. 8° 73, 11. Jh.; zu* -p *vgl. Bergmann, Mfrk. Glossen S. 236*).

mult-werp: Gl 2,365,22 (*Bonn 218, Gll. 11. Jh.* (*?*)*; zu* -p *vgl. Bergmann a. a. O. S. 242*). – **mult-welf:** Gl 3,445,46 (*Bonn 193, 12./13. Jh.; zu* -l- *für* r *vgl. Schatz, Ahd. Gr. § 155*).

Verschrieben (*?*)*:* **molt-fer:** Hbr. I,151,506 (*SH A*).

Hierher (*?*)*, oder mit Endungsabfall in späten Hss. u. zum sw. Mask.* (*s. u.* moltwerfe *mhd.*)*:* **molt-werf:** Gl 3,31 Anm. 10 (*Innsbr. 355, Hs. 14. Jh.;* -w^{s}ſ). 327,74 (*SH f, clm 12658, 14. Jh.;* -w^{s}f). 366,11 (*Jd*). 446,39 (*clm 614, 13. Jh.*).

1) *Maulwurf* (*vgl. Palander, Tiern. S. 26 ff.*)*:* multwerp *talpa* [*Phocae Ars 412,20*] Gl 2,365,22. *talpa* 366,11 (*im Abschn. terrestria animalia*). 445,46. 446,39. 685,47. moltfer *talpa*, *quod sit dammnata perpetua caecitate* [*Hbr. I,151,506*] Hbr. I,151,506 (*im Abschn. De minutis animantibus*)

2) *Molch, Salamander:* moltwerf *stellio* (*vgl. Diefb., Gl. 551^{b}*) Gl 3,31 Anm. 10. 327,74.

Vgl. mol, molo, molm, molt[1], moltwerfe *mhd.*, moltuuurm, mûuuerf, mûuuerfo, mûluuerf.

moltwerfe *mhd. sw. m.* – *Graff I,1040 s. v.* muuuerf.

molt-werfe: *nom. sg.* Gl 3,674,42 (*Innsbr. 711, 13. Jh.*).

Maulwurf (*vgl. Palander, Tiern. S. 26 ff.*)*:* moltwerfe ł scere ł mol ł olm *stelio talpa* (*talpa über* moltwerfe, *Steinm.*) (*im Abschn. De animalibus indomitis*).

Vgl. moltuuerf.

moltuuurm *st. m., mhd.* moltwurm, *nhd.* moldwurm; *mnd.* moltworm, *mnl.* mol(t)worm *s. v.* mol; *ae.* moldwyrm. – *Graff I,1045.*

Alle Belege im Nom. Sing.

molt-wrm: Gl 1,349,1 (*M*). 539,28 (*M*). 3,44 Anm. 3. 288,38 (*SH b; -t- aus* i *korr.*, wrm *übergeschr.*); **-vvrm:** Mayer, Glossen S. 125,25; **-vv̄:** 25,26 (*vgl.* Amsterd. Beitr. 11,*25; l.* moltvvurm); **-wurm:** Gl 3,346,19 *u.* Anm. 5 (*SH g;* twurm *über* mol *von einer Hand des 15. Jhs., Steinm.*). 4,192,15/16; **-wurm̄:** 3,48,52/53 (*Wien 3213, Gll. 15. Jh.* (*?*) *verschr.?*); **-burme:** 4,185,33 (*Wien 1325, 14. Jh.; zu* -b- *für* w *im Bairischen vgl. Paul, Mhd. Gr.[25] § L 85 Anm. 3*); *oder zu einem sonst nicht belegten sw. Mask.* (*?*)*, vgl. Gl.-Wortsch. 6,426 s. v.* moltwurmo. – **mult-w^{o}rm:** Gl 3,56,3 (*Wien 1118, 13. Jh.*).

Verschrieben: **moltrum:** Gl 4,185,33 (*Melk K 51, 14. Jh.*).

Molch, Salamander, auch Eidechse (? Zu üblichen u. häufig vorkommenden Verwechslungen, Vermischungen u. Übergängen bei volkstümlichen Bez. niederer Tiere vgl. Schweiz. Id. 4,172 f. s. v. mol)*:* moltwrm [*haec quoque inter polluta reputabuntur de his, quae moventur in terra* ...] *stellio* [, *et lacerta, et talpa, Lev. 11,30*] Gl 1,349,1 (*12 Hss.* mol). moltwrm *stellio* [*manibus nititur, et moratur in aedibus regis, Prov. 30,28*] 539,28 (*9 Hss.* mol). moltwrm *stellio* 3,44 Anm. 3. 48,52/53 (*im Abschn. Versus De vermibus; 2 Hss.* vêchmol *mhd.*). 56,3 (*im Abschn. Versus De volucribus et bestiis*). moltwrm *stellio* (*anguis similis*) ... (*tergore pictus ... stellarum*) [*Hbr. II,483,396*] 288,38 (*2 Hss.* mol). 346,19 *u.* Anm. 5 (*2 Hss.* mol). moltvvurm [*nam saepe favos ignotus adedit*] *stelio* [*et lucifugis congesta cubilia blattis immunisque sedens aliena ad pabula fucus, Verg., G. IV,243*] Mayer, Glossen S. 25,26 (*vgl. Tiemensma-Langbroek, Amsterd. Beitr. 11,24 f.*); *hierher auch* (*vgl. Amsterd. Beitr. 11,25*)*:* moltwurm *stellio anguis similis lacertae* Gl 4,192,15/16 (*1 Hs.* mol). Mayer, Glossen S. 125,25; *hierher, mit lat. Lemma cymex 'Wanze'* (*?*)*:* moltwurme *cymex* (*1 Hs. cymen oder cymel, vgl. Anm.*) Gl 4,185,33 (*vgl. Mlat. Wb. II,576,40 s. v. cimex*).

Vgl. mol, molo, molm, molt[1], moltuuerf, moltwerfe *mhd.*

moluuên *s.* mol(a)uuên.

mŏm- *s. auch* muom-.

monastre, -es S 206,25/26. 237,89 *s.* munist(i)ri.

monechien Gl 3,379,7 *s.* ?monichikîn *mfrk.*

monechsameninge Gl 3,383,39 *s.* monichsamaninga *mfrk.*

mone& Glaser, Griffelgl. S. 221,167 (*clm 6300, Gll. 8. oder 9. Jh.; -& unsicher*) *zu:* [*quisquis enim accingi in divino servitio*] *properat* [*Greg., Mor. in Iob, PL 75,657D*] *ist nicht sicher gedeutet; vielleicht ist die Form zu* monên, manôn *sw. v. in freier Übers. 'anspornen' von lat. properare 'sich beeilen (etw. zu tun)' zu stellen (vgl. dazu Tiefenbach, Sprachwiss. 26,95 f.)? Zum Wechsel von* -o- *u.* -a- *vor* -n- *vgl.* uuo*n*unka *u.* uuanunka *in ders. Hs.* (*vgl.* Glaser a. a. O. S. 286,267 *u.* 349,362) *sowie Braune, Ahd. Gr.*[15] *§ 25 Anm. 1.*

monemu Gl 1,546 Anm. 7 (*M, clm 14689, 12. Jh.?*), *Federprobe am Rande neben* allisuuara [*verti me*] *alio* (*ad aliud, Vulg.*) *et vidi sub sole, nec velocium esse cursum, Eccles. 9,11*] 546,11, *ist nicht gedeutet; vgl. noch Ahd. Wb. 1,229 s. v.* alles[h]uuara *adv.*

fir-**monên** *sw. v.*; *vgl.* firmanôn (*zu* -mon- *neben* -man- *vgl. Braune, Ahd. Gr.*[15] *§ 25 Anm. 1, Schwab S. 204; vgl. noch Wißmann, Postverb. S. 15. 149*). – *Graff II,769 f. s. vv.* farmanôn, farmanên.

for-mon-: *part. praes.* **-anti** O 1,4,65 (*V*); **fir-:** *1. sg.* **-en** 3,17,57; *3. sg.* **-et** 55; *1. pl.* **-ames** 3,14 (*PV; zu* -a- *für* -ē- *vgl. Braune, Ahd. Gr.*[15] *§ 368 Anm. 1a*); *part. prs.* **-anti** 1,4,65 (*FP*).

1) *etw. verachten, mit Akk.:* wir lazemes uns lichan man then filu richan, firmonames zi noti anderero armuati O 3,3,14 (*PV,* firmanên *F*).

2) *etw. nicht beachten, zurückweisen, mit Akk.:* nu thu thaz arunti so harto bist formonanti: nu wird thu stummer sar, unz thu iz gisehes alawar O 1,4,65.

3) *jmdn. verurteilen, mit Akk.:* firmonet thih hiar nu iaman? [*vgl. mulier, ubi sunt, qui te accusabant? nemo te condemnavit? Joh. 8,10*] O 3,17,55. (*Jesus:*) noh ih ... firmonen thih (*die des Ehebruchs angeklagte Frau*); nu gank thu frammort inti sih, ... thaz thu ni suntos furdir [*vgl. dixit autem Iesus: nec ego te condemnabo, Joh. 8,11*] 57.

Vgl. firmanên, -manôn, farmunnian *as.*

Vgl. Schwab S. 212.

? **monichikîn** *mfrk. st. n.*; *zur Lautverschiebung beim Suffix* -(i)kîn *vgl. Bergmann, Mfrk. Glossen S. 264–266*; *vgl. mnl.* monickijn (*vgl. Mnl. wb. 4,1893 s. v.* monic).

Verschrieben: **monechien:** *nom. sg.* Gl 3,379,7 (*Jd; l.* monechiken*; oder ist von einer diminuierten Form* monihhîn *auszugehen* (*?*), *vgl. dazu mnl.* monickijn).

einfacher Mönch: monachellus (*zum lat. Lemma vgl. Thes. VIII,1396,78 f.*).

monichsamaninga *mfrk. st. f.* – *Graff II,804.*

monech-sameninge: *nom. sg.* Gl 3,383,39 (*Jd*).

Kloster(gemeinschaft): coenobium (*im Abschn. De edificiis, davor* monster *monasterium; zum lat. Lemma vgl. Mlat. Wb. II,776,50*).

monna Pk 32,13 *s.* man *st. m.*

monohtlic Wa 106,6 *s.* mânôdlîh.

bi-**monôn** *sw. v.* (*zu* -mon- *neben* -man- *vgl. Braune, Ahd. Gr.*[15] *§ 25 Anm. 1*); *vgl. nhd.* bemahnen.

pi-monote: *3. sg. prt.* Gl 1,748,53 (*M, clm 22201, 12. Jh.*).

etw. beschließen: pimonote [*his autem expletis,*] *proposuit* [*Paulus in spiritu, transita Maccedonia ... ire Ierosolymam, Acta 19,21*] (*5 Hss.* bimeinen*; zur Wahl des abweichenden Verbalstammes vgl. Matzel S. 21*).

monothsuthiger Gl 1,615,32 *s.* mânôdsuhtîg.

monster Gl 3,383,38 *s.* munist(i)ri.

monug, monung *s.* manunga.

monz- *s.* muniz-.

moo- *s. auch* muo-.

môr *st. m., mhd.* môr, môre *st. sw. m., nhd.* mohr; *as.* môr, *mnd.* môre, *mnl.* moor; *aus lat.* Maurus. – *Graff II,841 f.*

moori: *nom. pl.* Gl 1,30,24 (*Pa*); **mor:** *nom. sg.* 2,261,27 = Wa 82,10. 3,429,25. 4,78,8 (*Sal. a1*); *nom. pl.* **-]i** 1,30,24 (*K*). 27 (*K; nach* -o- *Rasur eines Buchstabens*). 4,169,72 (*Sal. d*). Mayer, Griffelgl. S. 37,86 (*Vat. Ottob. lat. 3295, 9. Jh.*).

Mit einer Form der a*-Deklination:* **mora:** *nom. pl.* Pw 71,9.

Mohr: moori chunni incagan sunnun sedal*i* *Aethiops gens sub occasu* Gl 1,30,24. mori finstre *Aethiopia tenebrae* 27. mauron .i. nigrum inde *maurus* mor [*zu: Mauri homines venerunt, qui me tollere volunt, Greg., Dial. 4,18 p. 401*] 2,261,27 = Wa 82,10. mor *Aethiops* (*nach* swarzer *Maurus*) 3,429,25. *Maurus* 4,78,8 (*5 Hss.* suuarz). *Aethiopes* 169,72. mori [*placuit ut*] *Mauritania* [*Sitifensis, ... primatem provinciae Numidiae ... ut suum habeat primatem, Conc. Carth. XVII, PL 67 p. 189C*] Mayer, Griffelgl. S. 37,86. furi *imo* fallon sulun mora *coram illo procident Aethiopes* Pw 71,9.

mor(-) *s. auch* muor(-).

mora, -e *s.* mor(a)ha.

môr(a)-, mûr-, mûl(a)beri *st. n., mhd.* môr-, mûlber *st. n. f., nhd.* maulbeere *n. f.*; *mnd.* môr-, mûr-, mûlbēre *f.*,